Rainer Schmitz-Rudolph

Willkommen im REISEBÜRO-SONDERZUG

Ohne Reiseführer bietet das Reisen nirgends einen Freudenschimmer – aber mit ist es eine unaufhörliche, ungetrübte Wonne

Mark Twain

Rainer Schmitz-Rudolph

Willkommen

im

REISEBÜRO-SONDERZUG

Bibliografische Information der Deutschen Nationalbibliothek
Die Deutsche Nationalbibliothek verzeichnet diese Publikation in der Deutschen Nationalbibliografie; detaillierte bibliografische Angaben sind im Internet unter http://www.dnb.de abrufbar.

Helmholtzstraße 2-9
10587 Berlin
Layout und Umschlaggestaltung: Jasmin Plawicki
Druck und Bindung: Drukarnia Dimograf, Bielsko-Biała

ISBN 978-3-96543-248-2 www.lehmanns.de

Inhaltsverzeichnis

Sie packen nur Ihren Koffer
alles andere macht
SCHARNOW
Sommerfibel 1965

Auf dem Bahnsteig im Dortmunder Hauptbahnhof an einem schwülen Freitagnachmittag in den Sommerferien des Jahres 1976. Der Reisebüro-Sonderzug D 13017 nach Pesaro steht zur Abfahrt bereit. Urlaubsreisende steigen ein, Betreuer helfen ihnen beim Gepäck.

Die Familie Schulz aus Dortmund-Aplerbeck steht auf dem Bahnsteig und sieht verzweifelt aus. Zugreiseleiter Wagener geht zu ihnen und fragt: Wo wollen Sie hin; wo ist ihr Gepäck? Herr Schulz antwortet: Wir wollen nach Rimini und haben im Wagen 805 die Plätze 31 bis 34. Unser Gepäck steht bei uns zu Hause im Treppenhaus. Wir haben bei Scharnow gebucht. Im Katalog auf Seite 2 steht:

Sie brauchen nur ihre Koffer packen, den Rest erledigen wir!

oder W R

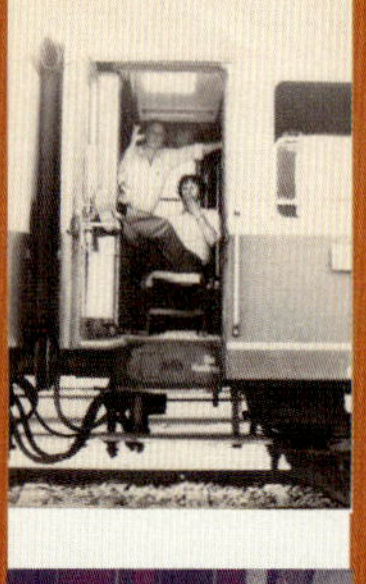

Es gibt sie nicht mehr, die Reisebüro-Sonderzüge, auch nicht den Alpen-See-Express und den TUI-Ferienexpress. Und somit auch nicht mehr die Liegewagenbetreuer und Zugreiseleiter, wie ich einmal einer während meines Studiums war.

Die meisten damals festangestellten Zugreiseleiter sind bereits verstorben oder in einem betagten Alter. Und wir, die neben unserem Studium eine Karriere als Zugreiseleiter bei der SBG in Dortmund oder Hamburg machten, danach in ihre erlernten Berufe – wie Lehrer, Pfarrer, Geologen, Pressesprecher, Architekten usw. – gingen, sind fast alle im Rentenalter.

Es war eine schöne Zeit als Zugreiseleiter, eine Zeit, die die meisten von uns nicht missen möchten.

Als Zugreiseleiter waren wir in den Turnus-Sonderzügen im Auftrag der vielen Reiseveranstalter, die Gruppenreisen veranstalteten − Touropa, Scharnow, Hummel, Ameropa, Neckermann, IST, Jahn Reisen, Studiosus, aber auch kleineren Reiseveranstaltern − tätig.

Und natürlich verantwortlich für unsere Liegewagenbetreuer und unsere manchmal bis zu 600 Reisende im Sonderzug. Es gab Belobigungen, z. B. wenn wir dafür sorgten, dass die Koffer der Schiffsgäste rechtzeitig vor Abfahrt in Genua auf dem Bahnsteig waren; aber manchmal auch Beschwerden, wenn z. B. Doppelbelegungen nicht sofort behoben werden konnten und deswegen Familien in unterschiedlichen Abteilen untergebracht werden mussten.

Man kannte uns in vielen Bahnhöfen Europas. So bekamen wir am Kiosk auf dem Bahnsteig in Villach Hbf. Kredit, wenn wir keine österreichischen Schillinge dabei hatten. Erhielten Vergünstigungen in den italienischen „Dopo lavori“ (wörtlich übersetzt „nach der Arbeit“), den Kantinen und Bars der italienischen Staatsbahn FS. Der Wirt mit seinem Lokal auf dem Bahnsteig des Bahnhofs Imperia Porto Maurizio kochte extra für uns. In der Bar von Louisella in Ventimiglia, der italienischen Grenzstadt an der Riviera zwischen Italien und Frankreich, waren wir gern gesehene Gäste – vielleicht auch, weil wir den französischen Gästen, die zum Schnapseinkauf nach Italien kamen, dort die verstaubtesten Flaschen aus dem Sortiment anpriesen. Auch hörte ich, dass ein Sonderzug im Münchener Hauptbahnhof auf Anordnung der Fahrdienstleitung länger halten durfte, weil ein Hamburger Kollege sich in die Stimme der Bahnhofsdurchsagen verliebt hatte und der Dame, der diese Stimme gehörte, einen Heiratsantrag auf dem Stellwerk, auf dem sie ihren Dienst verrichtete, machte. Ich glaube, sie sind immer noch verheiratet.

Und wir waren beliebt bei unseren örtlichen Kolleginnen und Kollegen, nicht nur, weil wir Schwarzbrot nach Venedig brachten, Waschpulver nach Jugoslawien, Pampers nach Polen.

Zuletzt möchte ich noch auf den Zusammenhalt und das Vertrauen der Zugreiseleiter untereinander hinweisen. Besonders spüren konnte ich das, als ich zu meiner Hochzeit im Jahr 1985 eine Bohrmaschine für die neue Wohnung geschenkt bekam mit einer riesigen Karte, die alle Kollegen aus Dortmund, Hamburg, München und Hannover – es waren wirklich viele, ja fast alle, und auch die Speisewagenbesatzungen der DSG und ISTG (CIWL), welche immer mit uns fuhren – unterschrieben hatten.

So soll dieses Buch an die wundervollen Zeiten der Reisebüro-Sonderzüge erinnern.

Rainer Schmitz-Rudolph

Von links oben im Uhrzeigersinn nach rechts unten: Werbefoto der „Wagon Lits“ mit Peter Konrad als Schlafwagenschaffner (Abb. Peter Konrad); Speisewagen im Alpensee Express VT 601 – Unterwegs oder an einem Zielbahnhof; Touropawagen in der 1950er Jahren (beide Abb. aus dem Archiv des Eisenbahn- und Heimatmuseums Erkrath-Hochdahl von Armin Gärtner); Peter Konrad mit 2 TUI-Betreuern vor dem TUI-Ferienexpress (Abb. Peter Konrad).

Besprechung im Reiseleiterabteil. Peter Bronak und ich im Zug nach Olsztyn.

Es klingt wie ein Märchen – aber es gab eine Zeit, da reisten die Menschen kreuz und quer durch Europa, in engen Eisenbahnwagen, maskenfrei, ohne Körperscanner vor dem Boarding und mit ausreichend Alkoholvorrat im Handgepäck für die nächsten acht oder zwölf Stunden (wenn es gelang, ihn vor den Augen des Personals zu verbergen). Wörter wie Inzidenzwert kannte man nicht, und freitesten lassen mussten sich allenfalls Pornofilm-Akteure.

Neben dem Autobus war der Liegewagen-Sonderzug mit seinen Sechs-Betten-Abteilen das wichtigste Transportmittel. Rainer Schmitz-Rudolph ist Anfang der 1970er Jahre eher zufällig in diese Branche geraten und ihr als Liegewagen-Betreuer und Zugreiseleiter dann auch während seines Architektur-Studiums treu geblieben. Im Rückblick berichtet er von dem, was er in anderthalb Jahrzehnten erlebt hat auf Fahrten quer durch Europa und darüber hinaus. Manche Touren (in den bayerischen Wald, an die Nordsee, nach Österreich, Italien oder Jugoslawien) wurden bald zur Routine, andere (nach Polen, Russland und China) öffneten den Blick auf neue Welten. Schmitz-Rudolphs Reiseerzählungen schildern nicht nur Begegnungen mit fremden Orten, sondern werfen auch liebevoll-kritische Blicke auf die meist aus dem Ruhrgebiet stammenden Gäste und auf die Eisenbahn-Kolleg*innen in Italien, Polen und anderswo.

Die Mischung aus Reisebericht und Beschreibung des Arbeitsalltags auf Rädern macht dieses Buch zu etwas Besonderem. Es handelt von vergangenen, oft auch vergessenen Zeiten (als beispielsweise der DDR-Transit eine logistische Herausforderung war, weil man nicht nur Babywindeln für die polnischen Kollegen schmuggelte), vom Zusammenwachsen Europas und von Menschen, für die das Reisen noch etwas Außergewöhnliches war. Ein Geschichtenbuch, das zum Geschichtsbuch wird. Bei älteren Lesern weckt es Erinnerungen, jüngere mögen manche populäre Destination des 21. Jahrhunderts vermissen, lernen aber eine Art des Reisens kennen, die nicht nur Wegsein bedeutete, sondern Unterwegssein (mit hervorragender CO2-Bilanz). Und Erinnerung an eine Zeit, in der Overtourism nicht einmal als Begriff existierte.

Dr. Hannes Krauss

Kapitel 1

Erste Begegnungen mit dem Alpen-See-Express

In den 1960er Jahren waren in unserer Familie die ersten Urlaubsreisen angesagt. Zuerst 1963 organisiert mit dem Reisebus in den Westerwald. Ein Jahr später dann die erste Auslandsreise, nach Österreich, um auch im Ausland sprachlich gut zurechtzukommen. Im Reisebüro wurde eine Pauschalreise mit der Ameropa-Reise nach Gosau hinter dem Salzkammergut, wo man vom Gosausee direkt den Dachstein, einen 3.000er Berg, sehen kann, gebucht. Nachdem die Reiseunterlagen angekommen waren, war klar, dass uns der Alpen-See-Express über Nacht nach Österreich bringen sollte. Ein so bedeutender Sonderzug bis nach Österreich hielt nicht in unserem Wohnort Mülheim an der Ruhr. Nach den Reiseunterlagen war unser Einstieg in den Zug in Essen Hauptbahnhof vorgesehen. Am gebuchten Abfahrtstag ging es zuerst mit der Taxe zum Bahnhof Mülheim-Ruhr-Stadt und dann mit dem Nahverkehrszug zum Essener Hauptbahnhof. Auf dem Bahnsteig standen schon viele Urlaubsreisende, die auf den Alpen-See-Express nach Österreich warteten; zwischendurch immer wieder Durchsagen, wo welcher Wagen in der Reihung nach der Lok zu finden sei. Beim Einstieg hat uns ein Betreuer das Gepäck abgenommen, uns unser Abteil gezeigt und hier das Gepäck verstaut. Richtig einrichten im Abteil konn-

Werbeplakat Alpen-See-Express aus den 1950er Jahren.

ten wir uns zunächst nicht. Die Familie eines Arbeitskollegen meines Vaters wohnte direkt an der Bahnlinie zwischen Essen und Mülheim, und es war ausgemacht, dass wir aus dem fahrenden Zug mit Taschentüchern winken würden. Vor besagter Stelle schnell das Abteilfenster runter und winken, was das Zeug hält. Zu unserer Überraschung hingen aus den Fenstern des Hauses riesige Bettlaken, mit denen auf unser Winken geantwortet wurde. Ein schöner Urlaubsanfang.

Wir, als fünfköpfige Familie, hatten ein Abteil mit sechs Liegen. Natürlich haben wir uns gefragt, wann kommt die sechste Person? Unser Betreuer hatte auch hierzu keine abschließende Meinung, ihm war es wichtiger, uns ein sogenanntes Abteilfrühstück mit dem verlockenden Namen „Tischlein deck dich" zu verkaufen. Wir bekamen jetzt natürlich nicht wie im Märchen einen gedeckten Tisch aus Zauberhand, sondern einen Pappkarton mit abgepackten Lebensmitteln und Pulverkaffee, das heiße Wasser zum Kaffee wurde uns zur Frühstückszeit am anderen Morgen in Aussicht gestellt. Danach war unser Betreuer nicht mehr zu sehen. Die Liegen konnten wir, auch ohne Anleitung, selbst herrichten, machten „Esel streck dich" wie im besagten Märchen von den Brüdern Grimm auf den Liegen und ließen den Knüppel, nicht wie im Märchen, aus dem Sack. Als ältester Sohn der Familie machte ich meinen Anspruch auf die oberste Liege geltend, was sich im Nachhinein nicht als vorteilhaft erweisen sollte. Von der obersten Liege ist nicht aus dem Abteilfenster zu sehen; die mittlere wäre besser gewesen. Eigentlich war aus der Erinnerung während der Fahrt nur die Raffinerie in Wesseling vor Bonn interessant, wegen der vielen Lichter. Eine sechste Person kam nicht während der Nachtfahrt. Das heiße Wasser zum Kaffee kam dafür morgens rechtzeitig vor unserem Ausstieg in Salzburg. Hier wurden wir vom Wirt der Pension Edelweiß in Gosau in Empfang genommen, der uns mit seinem VW-Bus in unseren Urlaubsort brachte.

Viele Jahre später, als ich selbst Reiseleiter im Alpen-See-Express war, habe ich mich gefragt, warum wir damals nicht im Kurswagen nach Bad-Aussee saßen und in Hallstatt am Hallstätter See abgeholt wurden, was viel näher an Gosau liegt.

Kapitel 2

Jobsuche mit Fernweh – Wie alles anfing

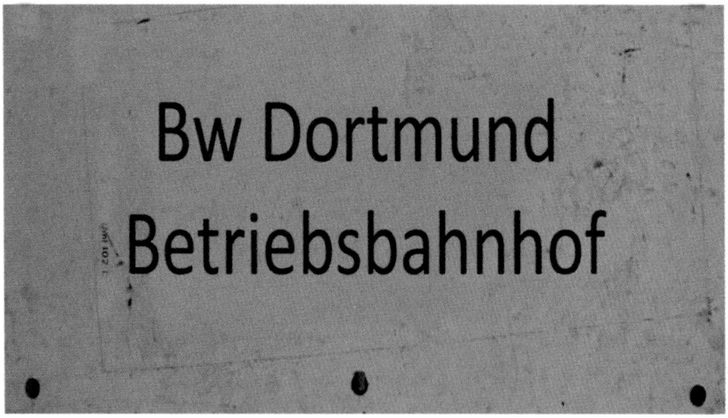

Bw Dortmund
Betriebsbahnhof

Wer seine Schulzeit über den 2. Bildungsweg durchsteht, muss irgendwann ein Praktikum absolvieren. Die Klasse 11 der Fachoberschule sieht ein einjähriges Praktikum vor. Daraufhin bewarb ich mich für das Praktikum in der Fachrichtung Elektrotechnik bei der Bundesbahndirektion in Essen und bekam einen Platz im Bundesbahnausbesserungswerk in Duisburg-Wedau. Hier stellte sich nach drei Monaten feilen, arbeiten an Drehbänken, in der Schmiede und an Schweißgeräten heraus, dass Duisburg-Wedau nur für die Fachrichtung Maschinenbau zuständig sei. Also Wechsel in das Bahnbetriebswerk Dortmund Betriebsbahnhof. Hier war ich mit Arbeiten am Wagenwerk, in der Lokleitung, der Lokhalle – in der Lokführer ausgebildet werden – und in der Lehrwerkstatt für Starkstromelektriker beschäftigt. Diese Kenntnisse und Kontakte haben sich später als Zugreiseleiter als positiv herausgestellt.

Nach Beendigung des Praktikums fragte ich einen Gesellen der Lehrwerkstatt, ob er wisse, wo ich einen Ferienjob bekommen könne. Und der antwortete: „Frag mal bei der Touropa in der Baracke gegenüber vom Betriebswagenwerk nach“.

Die Baracke war ein eingeschossiges längliches Gebäude, in dem die Wäscherei für die Bettwäsche in den Liegewagen untergebracht war. Ich betrat einen Eingang mit dem Schild Sonderzuggesellschaft-Betriebsgesellschaft Außenstelle Dortmund. Vorbei an Reiseleiterbesprechungsraum, Fahrkartenausgabe, Kleiderkammer etc. kam ich in das Büro des Außenstellenleiters Gerd Gronwald. Meine Frage nach einem Job als Liegewagenbetreuer wurde sofort positiv beantwortet. Mein Name wurde in eine Liste eingetragen. „Freitag ist Dienstbeginn um 13:00 Uhr. Kommen Sie etwas früher wegen der Uniform. Die Betreuer der Nachbarwagen werden Sie vor und während der Fahrt einweisen. Es geht nach Villach. Sie sind Sonntag wieder zurück. Sie bekommen für die Fahrt ca. 125,– DM mit Spesen bei einer Ausbleibezeit von etwas über 50 Stunden.“

Jetzt war ich Liegewagenbetreuer bei der SBG Dortmund.

Kapitel 3

Die erste Fahrt

Die Betreuer für den Sonderzug nach Villach mit Kurswagen nach Selzthal, Zell am See, Innsbruck und Bad-Aussee tummelten sich im Gang der SBG-Außenstelle Dortmund und warteten auf ihre Unterlagen.

Ich war vorher in der Kleiderkammer. Hier wusste Werner Quabeck, zuständig für die Uniformen, sofort meine Kleidergröße. Für die Hemden musste allerdings mit einem Maßband der Halsumfang gemessen werden. So bekam ich drei hellblaue Hemden mit der Aufschrift „Reisebüro-Sonderzug", eine dunkelblaue Hose mit einem seitlichen gelben Streifen und eine dunkelblaue Jacke, ebenfalls mit Aufschrift „Reisebüro-Sonderzug", und eine dunkelblaue Krawatte. Das Wichtigste aber bekam ich nicht in der Kleiderkammer, sondern in einem Zimmer, in dem kleine Tafeln mit technischen Wagennummern aneinandergereiht einen Sonderzug, der am gleichen Tag fuhr, bildeten. Hier residierte Gisbert Schneider, der für die Zusammenstellung der Liegewagen zuständig war. Von ihm erhielt ich für 3,- DM meinen Vierkant, mit dem ich Abteile abschließen, Sicherungstafeln aufschließen und sonst alles im Zug ab- oder zuschließen konnte.

An der Wand im Gang hingen die Einsatzpläne für das nächste Wochenende. Mit Unterschrift hinter dem Zielort, der Zugnummer und seinem Namen bestätigte man seinen nächsten Einsatz. Meine nächste Fahrt sollte nach Dagebüll an der Nordsee gehen, ein Zug der sogenannten Seeschleife, dazu später mehr. Die beiden Reiseleiter des Zuges nach Villach riefen nacheinander die Namen der Betreuer auf, man erhielt die Belegungsliste seines Liegewagens, den Schlüssel für sein Dienstabteil und später eine robuste alte Armeetasche mit den weißen Kopfkissenbezügen. Mir wurde Jesus vorgestellt, der Betreuer meines Nachbarwagens, der mir alles Wichtige für die Fahrt erklären sollte. Wir hatten zwar alle im Sommer 1972 schulterlange Haare, aber Jesus hatte

Touropa-Liegewagen mit Reiseleiterabteil, Ende der 1950er Jahre (Abb. aus dem Archiv des Eisenbahn- und Heimatmuseum Erkrath-Hochdahl von Armin Gärtner).

wirklich die längsten. Wir gingen zusammen in die Wagenhalle, wo der Zug nach Villach stand. Mit uns fuhr Jochen Knör, zuständig für das Wäschelager, die Elektrokarre mit den Laken für die Liegewagen. Wieso wir die Kopfkissenbezüge selbst zum Zug tragen mussten, war mir zu diesem Zeitpunkt nicht klar. Am Zug angekommen, bekamen wir die Laken für unseren Liegewagen. Jochen fuhr mit der Elektrokarre am Zug vorbei, jeder stand an seiner Tür in der Nähe des Dienstabteils und nahm die Laken in Empfang. Zuerst musste der Wagen aufgerüstet werden. Das heißt, zuerst die linke obere Liege aufklappen und je nach

Vor dem Scharnow-Hummel-Sonderzug-Liegewagen, Ende der 1950er Jahre (Abb. aus dem Archiv des Eisenbahn- und Heimatmuseum Erkrath-Hochdahl von Armin Gärtner).

Belegung des Abteils die Decken aus dem Dienstabteil, die Laken und die vorher bezogenen Kopfkissen dort gerade aufgestellt arrangieren. Während des Aufrüstens wurde der Zug gereinigt, so dass es nicht ganz einfach war, an einem Teppich saugenden Putzer auf dem Gang mit einem Stapel von Decken vorbeizukommen.

Ungefähr eine Stunde vor Abfahrt aus der Wagenhalle wurden wir über den Zuglautsprecher vom ersten Reiseleiter zur Dienstbesprechung in den Funkwagen gerufen. Der Funkwagen hieß so, weil sich hier im ersten Abteil des Wagens das Reiseleiterabteil befand, ausgerüstet mit einer Schrankwank und ausziehbarer Schreibfläche auf der linken Abteilseite. In dieser Schrankwand wird auch der sogenannte Funkkoffer an einen Verstärker angeschlossen. Mit diesem Funkkoffer, in dem sich ein Kassettenrecorder, diversere Schlagerkassetten und ein Mikrophon befanden, wurden die Durchsagen der Reiseleiter in die Abteile zu den Fahrgästen übertragen. Allerdings nicht über Funk, sondern über eine Kabelverbindung zwischen den Waggons. In der Dienstbesprechung erfuhren wir nun wichtige Informationen zum Fahrplan, unsere Ruhe- und Aufenthaltszeiten am Zielort und dass wir uns den Gästen gegenüber vernünftig zu benehmen hätten. Nach der Dienstbesprechung gingen wir in den Speisewagen nebenan. Dort stand für jeden Wagen ein Getränkekontingent, meistens bestehend aus einer Palette Dosenbier, einer Palette mit alkoholfreien Getränken, einem Korb mit abgepackten Pulverkaffeeportionen und Plastikbechern und zwei großen Thermoskannen mit heißem Wasser für den Pulverkaffee zum Abholen bereit. Dann gab es einen kurzen Ruck im Zug, die Lok war angekoppelt und unser Zug konnte den Betriebsbahnhof verlassen.

Im Dortmunder Hauptbahnhof stiegen meine ersten Urlaubsgäste zu. Ihnen nahm ich die Gepäckstücke ab und lagerte sie erst einmal auf der Plattform. Aufgrund der Kofferaufkleber war ersichtlich, in welches Abteil jeder Koffer gehört. Dumm war natürlich, wenn Koffer oder Taschen nicht mit dem wichtigen Aufkleber – der Auskunft über den Namen des Fahrgastes, des Ausstiegsortes und der Nummer des Sitz- oder Liegeplatzes verrät – versehen war. Dann war Fragen angesagt und als zuständiger Betreuer guckte man dann in jedes Abteil und fragte: Wem gehört der rot-karierte Koffer?

Nach den Ruhrgebietsbahnhöfen kam Jesus zu mir. Da mein Wagen nur halb belegt war, meinte er, dass man die Gäste „auflockern“ sollte. Das hieß, wenn ein Abteil mit sechs Personen belegt ist, könnte man z. B. zwei von den Gästen in einem freien Abteil unterbringen. Dafür brauchte man allerdings die Genehmigung des Zugreiseleiters. Also gingen wir in den Funkwagen ins Reiseleiterabteil und holten uns die Erlaubnis zum „Auflockern“. Allerdings mit der Aufforderung, die Reiseleitung über den Stand der belegten Plätze zu informieren, damit Nachbuchungen auch auf wirklich freien Plätzen untergebracht werden konnten.

Im Abteil Nummer 2 waren nur zwei Fahrgäste untergebracht. Mit besorgtem Gesicht gingen wir in Abteil 2 und meinten, dass in Stuttgart mitten in der Nacht noch Fahrgäste für dieses Abteil vorgesehen wären. Was hieß, entweder bis tief in der Nacht aufbleiben oder in der Nacht gestört zu werden. Wir hatten natürlich „die Lösung“. Ein freies Abteil, wo man ungestört die ganze Nacht schlafen kann. Jetzt hatten wir ein neues freies Abteil 2 und ein gutes Trinkgeld von 20 DM. In das freie Abteil 2 kam ein Herr mit seiner neuen Freundin, der unbedingt mit ihr allein sein wollte. Auch hier war das Trinkgeld angemessen. Auf diese Art wurde fast der gesamte Wagen umplatziert, wobei auch viele Koffer geschleppt werden mussten. Der Aufwand hatte sich gelohnt und meine Fahrgäste waren sehr zufrieden.

Nach Bonn kam der 2. Reiseleiter durch den Zug und notierte, ob Fahrgäste während der Nachtzeit kommen würden und ob Interesse an einem Personalessen im Speisewagen nach Abfahrt Koblenz bestehen würde. Die spät zusteigenden Fahrgäste würde der sogenannte Z-Mann, das war die Bezeichnung für den Zusatzbetreuer, der die Funktion eines Nachtwächters hatte, zu den Plätzen bringen. Und zum Abendessen im Speisewagen würde es Hühnerfrikassee oder Rindsroulade geben, wie immer.

Nach 22:00 Uhr war Nachtruhe im Zug angesagt. Der Zugreiseleiter machte seine Abenddurchsage, wünschte allen eine gute Nacht und wies nochmals darauf hin, dass ab jetzt das Rauchen in den Abteilen nicht mehr gestattet sei, aber auf dem Gang seien ja genügend Aschenbecher vorhanden. Jetzt mussten wir zu den Gästen in die Abteile gehen und anbieten, die Liegen für die Nacht aufzubauen. Viele meinten, sie könnten das selbst machen und einige wollten überhaupt nicht gestört werden. Nachdem der Wagen für die Nacht fertig war, kam mein Nachbarkollege zu mir ins Dienstabteil, wir tranken ein Bier zusammen und ich erfuhr viel über die Arbeit des Liegewagenbetreuers. So auch, dass es wichtig sei, auf der Hinfahrt genug Trinkgeld zu bekommen, um die Unkosten am Zielbahnhof zu finanzieren. Auf dieser Fahrt war uns das bis jetzt schon mal gelungen.

Bild von mir während einer Leerfahrt zurück aus Österreich am 24.12.1977 (Abb. Armin Gärtner).

Auch viele Geschichten wurden erzählt. So hatte ein Hamburger Betreuer auf der Hinfahrt nach Villach vor einiger Zeit von seinen Gästen vor der Durchfahrt durch den Tauerntunnel eine Tunnelgebühr kassiert, mit der Begründung, Autofahrer müssten ja auch eine Gebühr für den Tauerntunnel zahlen. Rausgekommen sind die zweifelhaften Einnahmen des Betreuers, als sich Gäste während der Rückfahrt von Villach bei der Zugreiseleitung meldeten und ihre Tunnelgebühr zahlen wollten.

Nachtruhe für die Betreuer war von 24:00 Uhr bis 5:00 Uhr morgens. Der Z-Mann musste uns wecken. Nur wenn alle Abteile im Wagen belegt waren, hatte man auf der heruntergeklappten zweiteiligen Liege im

Umgebauter Speisewagen zum Clubwagen für den Alpen-See-Express (Abb. aus „Die Schöne Welt“, Ausgabe Februar 1985).

Dienstabteil zu schlafen. Wenn ein Abteil im Wagen frei war, konnte man natürlich in einem freien Abteil schlafen. Dafür musste ein Papierhandtuch aus dem Waschraum an die Abteiltür geknotet werden, damit man gefunden werden konnte. Ansonsten hätte wahrscheinlich der Z-Mann alle Reisende im Wagen geweckt, um den Betreuer zu finden.

In den frühen Morgenstunden dann ein längerer Halt in Rosenheim. Auf dem gegenüberliegenden Gleis am Bahnsteig stand schon der Sonderzug aus Hamburg kommend. Eine Rangierlok koppelte jetzt die Zugteile nach Innsbruck und Zell am See von unserem Zug ab und vereinigte sie mit den Wagen aus Hamburg für Innsbruck und Zell am See. Und wir bekamen die Kurswagen aus Hamburg nach Villach, Selzthal und Bad Aussee an unseren Zug angekoppelt.

Kurz nach Abfahrt in Rosenheim kam mein Kollege vom Nachbarwagen zu mir und fragte nach, ob alles in Ordnung sei und ob ich schon Kaffee getrunken hätte. Auf meine Frage, ob es im Speisewagen Personalkaffee geben würde, sah er mich entgeistert an. Zur Grundausstattung eines Betreuers gehörte neben Vierkant und Kugelschreiber mindestens ein Glas Pulverkaffee, für den eigenen Kaffee und ab und zu für den Verkauf an unsere Gäste. Der Pulverkaffee der Deutschen-Speisewagen-Gesellschaft der Marke Heims wäre so eben trinkbar, also nicht gut. Der Pulverkaffee von Jakobs am besten und Nescafé ginge auch.

Jetzt mussten in den Abteilen die Liegen runtergeklappt, die schmutzige Wäsche auf der oberen Liege deponiert und das bestellte Frühstück ausgeteilt werden. Vor dem Frühstück waren dann noch die Abteiltische aufzubauen, die hinter einer Liege oder unter einer Liege befestigt waren. Wenn der Abteiltisch unter der Liege zu finden war, und unter der Liege noch ein sperriger Koffer verstaut war, dann musste dieser sperrige Koffer raus aus dem Abteil, denn sonst war es unmöglich, an den Abteiltisch zu kommen. So etwas war stets mit einem zusätzlichen Aufwand verbunden, denn bei so einer Aktion stand immer jemand im Weg.

In Salzburg dann die ersten Ausstiege. Vorher die Koffer zur Plattform bringen und dann beim Ausstieg mit den Koffern behilflich sein. In diesem Moment, wenn beim Abschied den Gästen ein schöner

Urlaub gewünscht wird, war die Wahrscheinlichkeit am höchsten, ein Trinkgeld zu bekommen. Was oft passierte, aber nicht immer der Fall war. An den nächsten Stationen immer die gleiche Aktion mit den Koffern. Dazwischen wurden die Decken eingesammelt und gefaltet sowie die schmutzige Wäsche in einen Wäschesack gesteckt. In Villach durfte keine Wäsche mehr in den Abteilen liegen.

Peter Konrad beim Kaffeeschieben (Abb. von Peter Konrad).

Hier in Villach hatte man zunächst einmal Feierabend bis zum Dienstantritt, ca. anderthalb Stunden vor Abfahrt des Zuges. Wir gingen mit den Betreuern aus Hamburg, nachdem Geld in der Bahnhofswechselstube getauscht war, erst einmal in einen Gasthof in der Nähe des Bahnhofs zum späten Frühstück. Dieses Frühstück bestand aus einem „kleinen Gulasch" mit einem großen Bier. Ich wurde aufgeklärt, dass diese Frühstücksvariante in Österreich sehr beliebt sei. Da Villach nicht zu

Zugreiseleiter Klaus Gottschalk, beim Kontrollieren eingesammelter Pässe; aus: „Die schöne Welt", Ausgabe Februar 1985, der Zeitung, die immer in Fernzügen ausgelegt wurde, in der ein Bericht über den Alpen-See-Express veröffentlicht wurde. Eigentlich wurden Pässe nie von den Zugreiseleitern kontrolliert.

den attraktivsten Orten in Kärnten gehört, blieben wir bis zum Mittagessen in dem Gasthof und gingen dann zum Schlafen in unseren Zug. Als Treffpunkt für den Nachmittag vor Dienstantritt war der Kiosk auf dem Bahnsteig zu Gleis 4 ausgemacht. Dieser Kiosk war eine Besonderheit. Nicht wegen der Ausstattung oder des Angebots. An diesem Kiosk bekamen wir Kredit, wenn uns die Schillinge ausgegangen waren. Die Inhaberin wusste, dass der Reisebüro-Sonderzug jede Woche kam. Wer in der darauffolgenden Woche keinen Einsatz nach Villach hatte, der gab das geschuldete Geld einem nach Villach eingesetzten Kollegen mit. Jetzt bekam ich auch unsere Bezeichnung für den Schilling mit. Der österreichische Schilling hieß bei uns treffenderweise „Alpen-Dollar". Mit dem Zusammentreffen der norddeutschen Kollegen war auch klar, wie jeder von den anderen bezeichnet wurde. Wir nannten die Hamburger die Fischköpfe, wegen der Nähe zu Ost- und Nordsee, und wir aus dem Ruhrgebiet waren bezeichnenderweise die Halden- oder Kohlenrutscher.

Der Zug wurde nach Dienstbeginn aufgerüstet und ca. eine halbe Stunde vor Abfahrt standen auch schon die ersten Fahrgäste auf dem Bahnsteig. Pünktlich verließ der Zug nach Hamburg und Dortmund den Villacher Hauptbahnhof. Da der Tauerntunnel nicht mehr weit entfernt war, diskutierten wir, die Tunnelgebühr wieder einzuführen. Dies hätte zwei Vorteile. Gäste könnten die bei der Rückfahrt nicht bezahlte Tunnelgebühr der Hinfahrt nachzahlen, ein doppelter Gewinn. Auch könnten sich die Leute nicht beschweren, wie bei dem erwischten Hamburger Kollegen. Sie müssten, wenn sie auf der Hinfahrt nicht bezahlt hatten, die Zahlung für die Rückfahrt nachholen. Aber irgendwie war uns dieser Spaß doch zu riskant und wir wollten ja schließlich noch länger als Betreuer im Sonderzug arbeiten.

Die Rückfahrt verlief vom Ablauf fast genauso wie auf der Hinfahrt. Wir verkauften weniger Getränke und die Nachfrage nach dem Frühstück hielt sich in Grenzen. Wahrscheinlich weil man das Frühstück der DSG von der Hinfahrt kannte und lieber auf ein vernünftiges Frühstück zu Hause setzte. Kurz vor Köln Hauptbahnhof brachten wir das übriggebliebene Frühstück samt Getränken in den Speisewagen und rechneten ab. Die Provision für den Verkauf der Getränke war nicht besonders hoch, außer es wurde viel verkauft. Dann gab es die Superprovision. Erst damit lohnte sich der Abteilverkauf. Dieses Mal kam keiner an diese Superprovision ran.

Ankunft am Sonntagmorgen in Dortmund. Wenn der Zug zum Abstellen in den Betriebsbahnhof fuhr, hatte das den Vorteil, dass es schnell zur Außenstelle ging. Wenn der Zug zum Bahnhof Dortmund Flughafen mehrere Kilometer hinter dem Betriebsbahnhof fuhr, dort waren viele Abstellgleise, taten sich mehrere Betreuer zusammen und leisteten sich ein Taxi zur Außenstelle, um die Armeetasche mit den Kopfkissen persönlich in der Außenstelle abzugeben. Jahre später wurde diese unnütze Aktion zum Glück abgeschafft.

Zuglaufschilder für den Alpen-See-Express im Dortmunder Betriebsbahnhof (Abb. aus „Die schöne Welt", Ausgabe Februar 1985).

Kapitel 4

Die Seeschleife

In der Dortmunder Außenstelle war es richtig leer an diesem Abend. Alle Sonderzüge für diesen Abfahrtstag waren schon unterwegs. Nur wir noch nicht. Die sogenannte Seeschleife wird mit Tageszügen gefahren. Warum also an einem frühen Abend Dienstantritt in Dortmund? Der Tageszug nach Westerland, Dagebüll an der Nordsee und Puttgarden an der Ostsee fuhr ab Köln Hauptbahnhof, und das schon so früh am Morgen, dass es nicht möglich war, mit dem Zug vorher in Köln zu sein. Wir fuhren also mit unserem Reiseleiter in einem Regelzug, einem ganz normalen Zug, nach Köln. Zimmer waren für uns im Kommerz-Hotel mitten auf dem Breslauer Platz direkt am Hauptbahnhof gebucht. Das Hotel gibt es immer noch. Aber nicht mehr mitten auf dem Platz, sondern etwas seitlich daneben. Am anderen Morgen um 6:00 Uhr war Treffen an der Rezeption angesagt. Aber am Abend vorher musste noch etwas für die sogenannte Bettschwere unternommen werden. Wir Betreuer gingen also durch den Hauptbahnhof, am Dom vorbei, ins Brauhaus Früh-Kölsch. Wir wurden vorgewarnt. Bestellt dort bloß kein Pils wie in Dortmund oder Alt wie in Düsseldorf, sondern Kölsch. Das ist obergärig wie ein Alt und sieht hell aus wie Pils. Als günstigstes Gericht auf der Karte präsentierte sich ein „halver

Diesellok V200 im Eisenbahnmuseum Bochum-Dahlhausen. Die Lok für unsere Züge ab Hamburg-Harburg nach Westerland (mit Kurswagen nach Dagebüll) und Puttgarden.

Hahn". In Erwartung eines halben Hähnchens bestellten wir alle dieses für uns preislich gesehen günstige Gericht. Als der Kellner die halben Hähne brachte, machte sich große Enttäuschung breit. Der halbe Hahn ist ein Roggenbrötchen mit Gouda-Käse. Auf diese kölnische Tradition sind schon viele Touristen reingefallen. Aber solche Irritationen gibt es nicht nur in Köln. Ein „Steak a là Meier" im Westfälischen ist eine ganz normale Frikadelle und das „russische Ei" ist bei weitem kein gekochtes Ei, überhäuft mit Kaviar.

Am anderen Morgen trafen wir uns alle wie ausgemacht um 6:00 Uhr an der Rezeption. In Uniform. Frühstück gab es vorher. Nun fuhren wir über die Hohenzollern-Brücke rüber nach Köln-Deutz, wo unser Sonderzug stand. Es waren unsere Liegewagen, nur dieses Mal mussten keine Decken und Kissen ausgeteilt werden. In diesem Zug wurde nicht geschlafen. Wenigstens nicht auf hergerichteten Liegen. Vor Abfahrt in Köln-Deutz mussten allerdings noch Plakate mit der blauen Aufschrift „Reisebüro-Sonderzug" in den Wagenfenstern neben der Wagentüre oder in den Türen mit runden Klebestücken angebracht werden.

Im Kölner Hauptbahnhof kamen die ersten Gäste. Meistens ältere Leute oder Familien mit kleinen Kindern. Für die Bewirtung der Reisenden fuhr eine Minibar von Köln bis Münster mit, zum Glück mit Personalgetränken, so dass wir nicht den teuren Normalpreis zahlen mussten. Zustiege gab es bis Bremen, dann der nächste Halt im Güterbahnhof von Hamburg-Harburg. Hier wurde der Zug getrennt, das heißt die Kurswagen nach Puttgarden fuhren über Lübeck weiter auf die Insel Fehmarn und die Kurswagen nach Westerland mit meinem Wagen nach Dagebüll über Hamburg Hauptbahnhof ihrem Ziel entgegen. In Niebüll kam nach dem Abkoppeln mein Wagen an einen Triebwagen der „Nordfriesischen Eisenbahn". Dann Halt im Bahnhof Dagebüll. Alle meine Gäste stiegen hier an der Endstation aus, ihre Reise ging weiter mit dem Schiff nach Wyk auf die nordfriesische Insel Föhr. Mein Wagen wurde auf der Mole abgestellt. Mit nordfriesischer Gelassenheit teilte mir der Fahrdienstleiter mit, dass erst ein Rücktransport nach Niebüll an die Hauptstrecke der Deutschen Bundesbahn mit dem nächsten planmäßigen Triebwagen vorgesehen sei. Also musste ich im

Liegewagen auf der mit peitschenden Wellen wasserumfluteten Mole warten. In Niebüll angekommen, war zunächst unklar, was mit meinem Liegewagen passieren und wie er zurückgeführt werden würde. Aber das sollte mir egal sein. Ich hatte für die Rückfahrt außer Dienst einen „Ausweis W“, mit dem ich in jedem planmäßigen Zug nach Hause fahren konnte. Also ging es erst mit dem nächsten Eilzug nach Hamburg und später mit dem legendären „Nordexpress Kopenhagen-Paris“ von Hamburg nach Hause ins Ruhrgebiet, wo ich gegen 3:00 Uhr morgens ins eigene Bett fiel. Als Resümee musste ich feststellen, dass Nachtzüge viel spannender und interessanter sind.

Kapitel 5

In den Zeiten der Cholera

Herbst 1973. Die Saison ging zu Ende. Die meisten Reisebüro-Sonderzüge fuhren leer in die Urlaubsgebiete, um die letzten Urlaubsgäste nach Hause zu holen. Nur unser Zug nicht. Wir hatten tatsächlich noch Reisende, die Urlaub an den Stränden der Adria machen wollten, was ja auch nicht verwunderlich war. Nach einem heißen Sommer hat das Wasser des Mittelmeers im Herbst immer noch angenehme Temperaturen. Unser Sonderzug hatte Kurswagen nach Venedig und Pesaro.

Beim Austeilen der Belegungslisten meinte unser Reiseleiter, dass die Betreuer nach Venedig noch warten müssten und nicht sofort zum Zug gehen sollten. Wir müssten geimpft werden. Gleich käme ein Arzt des Gesundheitsamtes. Wer nicht geimpft werden wolle, der müsse den Wagen mit einem Betreuer nach Pesaro tauschen. Im Raum neben dem Reiseleiterraum bekamen wir dann mit einer Impfpistole eine Impfung gegen die Cholera. In Neapel war die Cholera ausgebrochen, und alle Großstädte in Italien, so auch Venedig, wurden als gefährdet eingestuft.

Unser Zug war mäßig belegt. Die Urlauber in meinem Wagen hatten alle einen Strandurlaub in Lido di Jesolo oder Bibione gebucht und wurden von den Reiseveranstaltern bezüglich Cholera oder anderen

Gefahren in Italien nicht gewarnt. Dafür sorgte nun unser Reiseleiter. Er warnte bei seiner ersten Durchsage nicht vor der Cholera, sondern vor den Gefahren eines Italienurlaubs. Diebstahl des Reisegepäcks, plötzlich wird man krank und ist in Italien und auch sonst im Ausland nicht durch seine Krankenkasse krankenversichert. Er wusste aber Abhilfe von diesen vielen Problemen, die in Italien passieren könnten. Bei ihm konnte man das „Rundumsorglos Paket" erwerben, also Reisegepäckversicherung und Auslandskrankenschutz in einem, und das für lächerliche 48,– DM. Die Schlange vor dem Reiseleiterabteil wurde immer länger. Später dann noch eine Durchsage. Jetzt wurde die Wagenreihung durchgegeben, die Betreuer vorgestellt und dass es in der Mitte des Zuges einen Speisewagen gibt. Und in diesem Speisewagen könne man, „bevor Sie sich in das Wagnis der italienischen Küche begeben" heute Abend noch wie zu Hause essen. Ich dachte direkt an das Schild „Letzte Tankstelle vor der Autobahn", oder wie verzweifelte Italienurlauber mit unscharfen Messern versuchen, Herr über eine Schuhsohle namens Bistecca zu werden. Meine Erlebnisse mit der italienischen Küche waren bis dahin nicht tragisch, ich hatte bisher meistens vorzüglich gegessen. Schließlich brachten wir von jeder Italienreise Sachen mit, die es in Deutschland der 1970er Jahre nicht gab. Campari-Soda in kleinen Fläschchen, Pesto alla Genuese, Asti Spumante, Gorgonzola, Prosciutto di Parma – auch bekannt unter Parmaschinken.

Die Hamburger Wagen waren am anderen Morgen in Rosenheim dazugekommen; unser Zug war dadurch relativ lang. Am Brenner, der Grenzstation zu Italien, dann wieder ein Wechsel der Lok und des Zugpersonals. Während wir uns in Deutschland und in Österreich nur mit einem Zugführer begnügen mussten, wartete die italienische Staatsbahn mit mindestens vier Mann Personal auf. Nun ist es nicht so, dass vier italienische Bahnbeamte mehr zu tun hätten als ihre deutschen und österreichischen Kollegen, aber die italienischen Bahnbeamten waren besser gewerkschaftlich organisiert und konnten somit auch Forderungen stellen, die bei uns unmöglich waren. Wie zum Beispiel zu viert in einem Zug eingesetzt zu werden.

Gondeln vor dem Markusplatz in Venedig, Jahre nach der Cholera.

Nächste Station nach dem Brenner dann Fortezza/Franzenfeste. Zu allem Unglück hatten wir Reisende im Zug, die ihren Urlaub im Pustertal in Südtirol gebucht hatten. Zu allem Unglück saßen diese Reisenden auch noch im letzten Wagen. An den Bahnsteig des Bahnhofs passten gerade mal acht Wagen, aber nicht alle zwölf Wagen unseres Zuges und schon überhaupt nicht die letzten Wagen. Nach heißen Diskussionen unserer vier Zugführer mit dem Bahnhofsvorsteher von Fortezza einigte man sich, zunächst den Zug über das rote Ausfahrtsignal des Bahnhofs fahren zu lassen, damit die Gäste aussteigen konnten. Danach musste der Zug wieder hinter das Signal gesetzt werden. Dann erst wurde das Signal auf Grün geschaltet und alles war bereit zur Weiterfahrt.

Bild vom Markusplatz in Venedig, Jahre nach der Cholera.

Nachdem in Rovereto noch einige Gardasee-Urlauber ausgestiegen waren, erreichte der Zug die Station Verona Porta Nuova. Der Bahnhof, es ist der Hauptbahnhof von Verona, verdankt seinen Namen dem in der Nähe liegenden Stadttor Porta Nuova aus dem 16. Jahrhundert. Hier wurden die Kurswagen nach Pesaro abgekoppelt. Nach Vicenza und Padua dann Ankunft in Venezia Mestre. Hier verließen mich meine Strandurlauber, wurden von der örtlichen Reiseleitung aus Bibione vom Bahnsteig abgeholt und mit dem Bus in ihr Strandhotel gebracht. Die Fahrt hinüber auf die Lagune war und ist immer noch beeindruckend. Auf beiden Seiten das Wasser mit seinen Transportschiffen, Vaporettos und Gondeln. Dann Ankunft in Venezia Santa Lucia, dem Hauptbahnhof von Venedig. Da wir keine Gäste im Zug hatten, ging das Abkoppeln von der Lok ganz schnell; die Wagen wurden mit einer Rangierlok seitlich vom Bahnhof auf Abstellgleisen abgestellt.

Jetzt hatten wir sechs Stunden Aufenthalt in Venedig, bis unsere Gäste für die Rückfahrt, alles Schiffsgäste, die eine Kreuzfahrt durch das östliche Mittelmeer hinter sich hatten, am Bahnhof erwartet wurden. Zunächst gingen wir zum Mittagessen in die „Dopo Lavori", was übersetzt „nach der Arbeit" bedeutet. So heißen alle Eisenbahnerkantinen in Italien. Die in Venedig befindet sich nach dem Ausgang, die schöne Freitreppe zum Canale Grande runter, auf der rechten Seite, und ist die teuerste in ganz Italien.

Von der Cholera spürte man in Venedig wenig. Es war zwar weniger los und die Sockel der Häuser weiß gekalkt, aber wie in der Verfilmung „Der Tod in Venedig" nach dem Roman von Thomas Mann sah es nicht aus. Unsere Schiffsgäste allerdings brachte man direkt vom Schiff zum Bahnhof und warnte sie, den Bahnhof zu verlassen. Sie waren wahrscheinlich nicht geimpft, so wie wir. Schiffsgäste haben immer ordentlich Gepäck dabei, und wir hatten ganz schön zu schleppen, bis alle Koffer und Taschen in den Abteilen verstaut war. Die Überfahrt aufs Festland war erneut beeindruckend. Das Venedig auf dem Festland jedoch nicht. Venezia Mestre ist ein Industriestandort mit Raffinerien, Fabriken – und Wohnhochhäusern für die vielen Menschen, auch für die, die in Venedig auf der Lagune im Tourismussektor arbeiten.

Jahre nach der Cholera: das jährliche Hochwasser in Venedig - Aqua alta.

In Verona war unser Zug wieder vollständig. Gut, dass alle Gäste im Zug waren und keine Zustiege mehr erwartet wurden. So blieb uns das Rangieren auf den kleinen Bahnhöfen vor dem Brenner erspart.

Ich freute mich schon auf die nächste Fahrt nach Venedig, in cholerafreien Zeiten.

Bild von Venedig, während der Cholera.

Kapitel 6

Bis zur Grenze und nicht weiter

Der Sonderzug nach Port Bou, der spanischen Grenzstation, ist ein zweigeteilter Zug. Die eine Hälfte für Urlauber zu den Stränden der Costa Brava, um sich die Sonne auf den Pelz scheinen zu lassen und abends in den Diskotheken den Bären rauszulassen. Die andere Hälfte mit Kurswagen nach Nizza, für Urlauber, die mondänere Hotels an der Côte d'Azur, dazu den Ausflug nach Monaco oder in die Provence, gebucht hatten.

Seine volle Länge erreichte der Sonderzug erst in Karlsruhe, da hier die Züge aus Hamburg und Dortmund zusammengeführt wurden. Dann weiter über Basel durch die Schweiz bis nach Genf. In Genf Loktausch der Schweizer Bundesbahnen SBB gegen die Lok der französischen Staatsbahn SNCF. Hier stieg auch unser französischer Zugführer Gilbert zu. Meistens fuhr Gilbert den Sonderzug nach Port Bou. Gilbert war aus dem Elsass gebürtig und sprach somit sehr gut Deutsch, was für Reiseleiter und Betreuer des Zuges von großem Vorteil sein konnte. Als einmal richtig Randale im Speisewagen war, betrunkene Gäste Bier auf den Tischen verteilten, holte Gilbert beim nächtlichen Halt in Lyon-Brotteaux die französische Bahnpolizei. Die kamen in den Speisewagen, fragten, wer der Übeltäter sei und brachten die beiden be-

Lok der SNCF (der französischen Eisenbahn).

trunkenen randalierenden Fahrgäste auf den Bahnsteig und befestigten beide mit Handschellen am Geländer der Bahnsteigtreppe. Auf einmal war Ruhe im Speisewagen. Mitreisende der beiden Randalierer wurden gebeten, das Gepäck dieser Fahrgäste zu holen und auf den Bahnsteig zu stellen. Erst dann war an die Weiterfahrt zu denken. Wir Betreuer und Reiseleiter glaubten, von diesem Zwischenfall noch zu hören. Entgangener Urlaubstag, Weiterfahrt auf eigene Kosten, entgangene Nachtruhe in der Zelle der Bahnpolizei und und und… Es kam aber nie etwas.

In Avignon Trennung von den Kurswagen nach Nizza über Marseille. Wir fuhren weiter über Narbonne zur Endstation nach Port Bou. Hier in Port Bou müssen alle Fahrgäste nach Spanien in einen spanischen Zug umsteigen, da in Spanien die Gleise eine größere Spurbreite haben.

In Port Bou Hektik unter den Betreuern. Nachdem alle Gäste ausgestiegen waren, mussten wir schnell aus dem Bahnhof und hinunter in den Ort. Gleich auf dem Weg zum Bahnhof auf der linken Seite befand sich ein Geschäft mit Wein und Spirituosen. Verpackte Flaschen wie Rum Bacadi oder Weinbrand Veterano standen zum Mitnehmen bereit; zu viel günstigeren Preisen als bei uns in Deutschland. Diese Flaschen mussten schnell in unseren Zug gebracht werden, denn für die Rückfahrt wurde unser Zug vom spanischen Port Bou durch den Tunnel kurz nach Ankunft zurück in das französische Cerbère gefahren. So konnte unser Alkohol ohne uns die spanisch-französische Grenze passieren ohne vom Zoll kontrolliert zu werden. Nach dem Verstauen der Flaschen im Zug, gingen wir mit Laken für den Strand zunächst zu dem Spirituosengeschäft. Denn erst jetzt wurde bezahlt. Was vorher wegen der Eile nicht möglich war. Beim Bezahlen gab es ein Gläschen Muskatellerwein aus einem der vielen Fässer, die sich im Laden an der Wand aneinanderreihten. Dann weiter durch den kleinen malerischen Ort in eine kleine Bucht. In dieser kleinen Bucht am Strand gab es einen Imbiss mit vorzüglichen Fischgerichten. Und vor dem Imbiss konnte man es sich auf den mitgebrachten Laken gemütlich machen, ab und zu ins Wasser gehen und sonst die Sonne genießen. Den Sonnenschutz für dieses kleine Strandlokal lieferten wir, er bestand zu 100 %

aus Liegewagenlaken der Sonderzüge, da keiner sein Laken wieder mit zurück zum Zug nahm, bzw. dies auch nicht sollte. Unsere Laken wurden hier am Strand dringend benötigt. Am Nachmittag ging es mit einem spanischen Zug nach Cerbère. Im Bahnhof von Cerbère, dem französischen Grenzort, stand unser Sonderzug zurück nach Dortmund und Hamburg. Es war aber noch viel Zeit, bis der spanische Sonderzug aus Barcelona mit unseren Gästen hier ankam.

Für die Rückfahrt ist der Badische Bahnhof in Basel immer ein kritischer Ort gewesen. Hier residierte der deutsche Zoll und wir hatten schließlich jede Menge Schnaps an Bord. Am schlimmsten war „Schrauben-Willi". Wir nannten den Zöllner so, weil er mit einem Schraubendreher bewaffnet in den Zug kam und fast alles aufschraubte, was aufzuschrauben war. Wir hatten aber im Liegewagen ein Versteck, das auch der Zoll nicht kannte. Auch jetzt wird dieser Ort nicht verraten. Einmal hat besagter Zöllner bei einem Kollegen im Nachbarwagen das gesamte Dienstabteil verwüstet. Überall lagen Decken und Kissen auf dem Boden verstreut. Wir fragten uns, ob wir uns das gefallen lassen müssten und gingen daraufhin in das Büro der Zollbehörde auf dem Bahnsteig und beschwerten uns. Der oberste Zöllner fragte, ob besagter Zöllner etwas bei uns gefunden hat, was wir verneinen konnten. So wurde „Schrauben-Willi" dazu verdonnert, bis Karlsruhe bei uns im Zug Decken zu falten.

Auch hatte einmal eine Speisewagenbesatzung spanischen Schnaps im Batteriekasten unterhalb des Speisewagens geschmuggelt. Als der Zug in der Mittelgruppe des Betriebsbahnhofs in Dortmund abgestellt wurde und die Speisewagenbesatzung den Batteriekasten öffnete, um die Flaschen herauszuholen, standen auf einmal Zivilfahnder des Zolls hinter ihnen. Das war dann richtig teuer.

Kapitel 7

Hinter dem eisernen Vorhang

1975 hatte ich meinen ersten Einsatz im Sonderzug nach Olsztyn. In der Zeit zwischen Bundeswehr und Studienbeginn zum Wintersemester hatte ich von Weihnachten 1974 bis zum Oktober 1975 Zeit für Fahrten als Liegewagenbetreuer und wurde direkt in diesem Zug eingesetzt. Zu den Staaten hinter dem sogenannten „Eisernen Vorhang“ hatte ich überhaupt keine Beziehungen. Verwandte in der DDR hatten wir nicht, in der Schule durfte DDR nicht ausgesprochen werden, es hieß „sowjetisch besetzte Zone“ oder „sogenannte DDR“. Zuerst bin ich mit diesem Zug als Betreuer gefahren, dann aber recht schnell als Zugreiseleiter.

Dieser Sonderzug war eine Besonderheit, denn außer zwei Sonderzügen gab es in den 1970er und 1980er Jahren keine Sonderzüge in die Warschauer-Pakt-Staaten. Die Bundesdeutschen verbrachten ihren Urlaub in Österreich, der Schweiz, Italien, Jugoslawien und Spanien. Und in diese Länder brachte der Reisebüro-Sonderzug seine Pauschalreisenden. Eben mit diesen zwei kleinen Ausnahmen: den Sonderzug nach Siofok am Plattensee in Ungarn und den Sonderzug von Köln nach Olsztyn in die Volksrepublik Polen. Die Fahrt hinter den „Eisernen Vorhang“ nach Polen wagten Reisende, die einen Bezug zum ehemaligen Ostpreußen oder Schlesien im heutigen Polen hatten, sei es, dass sie vor dem 2. Weltkrieg dort lebten oder sonstige verwandtschaftliche Beziehungen dorthin hatten.

Reiseleiter und Betreuer der SBG, die für den Sonderzug nach Olsztyn eingesetzt werden wollten, mussten sich bereit erklären, die gesamte Sommersaison nach Olsztyn zu fahren. Dies vor allem aus organisatorischen Gründen. Die Einreise in die Volkrepublik Polen war nur mit einem Visum möglich. Zunächst gab es für das SBG-Personal ein Dauervisum für die gesamte Saison. Ein Reisepass reichte.

Im darauffolgenden Jahr gab es nur noch 4-fach Visa. Jetzt wurden zwei Reisepässe benötigt. Ein Pass für die Fahrten nach Polen. Parallel

Aufnahme vom August 1980 im Hauptbahnhof Hannover. Nach dem Aufstand in der Leninwerft in Gdansk/Danzig holt der Hummelexpress alle Urlauber zurück aus der VR-Polen.

ging ein zweiter Pass in die polnische Botschaft für die nächsten Visa. Später gab es nur noch ein Einzelvisum. Das Personal brauchte jetzt drei bis vier Reisepässe. Mit einem Pass fuhr man nach Polen, ein Pass war auf dem Weg zur Botschaft, ein Pass blieb in der Botschaft und ein Pass war auf dem Weg von der Botschaft zur Dienststelle.

Dienstbeginn für den Reisebürosonderzug war in der Saison von Mai bis September immer an einem Sonntagvormittag in der SBG-Außenstelle im Dortmunder Betriebsbahnhof. Die Reiseleiter verteilten die Belegungslisten und Dienstabteilschlüssel an die Betreuer. Danach wurde von den Reiseleitern kontrolliert, ob jeder seinen Pass mit gültigem Visum dabeihatte. Wer seinen Reisepass vergessen hatte, konnte gleich nach Hause fahren. Dann ging es in die Wagenhalle, wo der Zug bereitstand. Die Wäsche wurde beladen, die Lautsprecheranlage kontrolliert und die Betreuer fingen nach der Reinigung des Zuges an, die Wagen aufzurüsten, d. h. Decken, Kissen und Laken gemäß der Belegungsliste in den Abteilen zu verteilen. Da der Zug als Leerzug nach Köln überführt wurde, konnte man sich mit dem Aufrüsten viel Zeit lassen. Einer der Reiseleiter musste unbedingt zum Oberputzer (dem Mann, der alle Reinigungskräfte in der Wagenhalle unter sich hatte) gehen und bitten, dass man zusätzlich einen Karton mit den kleinen grauen Abfalltüten mit dem Aufdruck DB-Abfall-Rifiuti-Odpak (Rifiuti-Odpak bedeutet Abfall in italienischer bzw. serbokratischer Sprache) zum Zug nach Polen brachte. Dieser Karton wurde dann auch immer geliefert mit der Frage „Ist das der Kohlenzug?" und der Antwort: „Klar doch". Keiner hatte richtig zugehört, und so wurde schnell aus dem Polenzug ein Kohlenzug. Zusätzlich benötigte das Personal im Zug nach Polen reichlich Toilettenpapier. Dies musste nicht geliefert werden. Toilettenpapier lagerte am Hallenende und konnte ungefragt eingeladen werden. Warum so viel Toilettenpapier? Bei einer der ersten Fahrten wurde der Sonderzug am Endbahnhof Olsztyn vertragsgemäß gereinigt. Nur fehlte danach das gesamte Toilettenpapier im Zug.

Toilettenpapier war zu dieser Zeit in Polen Mangelware. Bei einem Aufenthalt in Olsztyn konnte ich einmal beobachten, wie von einem LKW aus Toilettenpapier verteilt wurde. Die Leute standen vor der

Ladefläche des LKW mit einer Schnur in der Hand und jeder bekam 3 Rollen Toilettenpapier auf diese Schnur gereiht.

Meistens verließ der Leerzug nach Köln pünktlich die Wagenhalle des Betriebsbahnhofs in Dortmund. Bevor jedoch der Zug losfuhr, musste unbedingt eine Durchsage im Zug gemacht werden, dass dieser Zug nicht im Dortmunder Hauptbahnhof hält. Viele Bedienstete des Bahnbetriebswerkes nutzten die ausfahrenden Züge, um zum Dortmunder Hauptbahnhof zu gelangen. So ist es z. B. einmal passiert, dass ein Lokführer, der mit dem Leerzug zum Hauptbahnhof wollte, um dort seinen Dienst anzutreten, nach der Durchfahrt Dortmund Hbf entgeistert im Reiseleiterabteil auftauchte und sich wunderte, warum der Zug nicht im Hauptbahnhof hielt. Da es damals keine Telefonverbindung zur Lok gab und der irrtümlich mitfahrende Lokführer nicht unnütz nach Köln mitfahren wollte, wurde vor der Durchfahrt Herne Hbf das Bremsventil auf der hinteren Plattform des Wagens langsam geöffnet, um den Zug in Herne zum Stehen zu bringen. Dies war nicht so brachial wie die Betätigung der Notbremse. Der fahrende Lokführer wunderte sich über den Druckverlust seines Bremssystems und dem darauffolgenden Halt in Herne. Nach dem Halt ging es weiter, nachdem der „blinde Passagier“ ausgestiegen, dem Lokführer Bescheid gegeben und das Bremsventil wieder geschlossen war.

Es gab auch Reiseleiter und Betreuer, die in Oberhausen wohnten. Da der Leerzug auf dem Weg nach Köln über Oberhausen fuhr, konnten diese in Ausnahmefällen dort zusteigen. Dafür war allerdings einiges an Eigeninitiative nötig. Man ging zum Aufsichtsbeamten und telefonierte von dort mit der Fahrdienstleitung auf dem Stellwerk. Die Fahrdienstleitung teilte mit, auf welchem Gleis der Leerzug normalerweise Durchfahrt hatte. Dann vereinbarte man, pünktlich an diesem Gleis zu stehen. Der Zug wurde dann außerplanmäßig in Oberhausen am Bahnsteig angehalten, die Fahrdienstleitung machte eine Durchsage am Bahnsteig, dass ein dienstlicher Zustieg erfolgt und gab dann die Strecke zur Weiterfahrt frei.

Planmäßig fuhr der Leerzug LR 29640 von Dortmund nach Köln zunächst über Köln-Deutz-tief nach Köln-Kalk. Hier wurde der Zug mit einem Schlafwagen der DSG-Köln ergänzt. Da es im Umfeld des Kalker Bahnhofs weder Gaststätte noch Imbissbude gab, fuhren viele Betreuer mit einem Nahverkehrszug zum Kölner Hauptbahnhof, um dort vor Reisebeginn nach Olsztyn noch ein warmes Mittagessen zu bekommen. Was noch wichtig war – im Kölner Hauptbahnhof gab es eine Wechselstube der Deutschen Eisenbahner-Verkehrs-Kreditbank, in der günstig Osteuropäische Währungen wie Mark der DDR, polnische Zlotys, ungarische Forint usw., getauscht werden konnten. 1.000,00 polnische Zlotys kosteten 16,00 DM. Zum Vergleich: ein gehobenes Mittagessen, wie z. B. ein Chateaubriand kostete ca. 35,00 Zlotys. Allerdings, die Einfuhr von polnischen Zlotys in die Volksrepublik Polen war streng verboten, und wer erwischt wurde, musste mit unangenehmen Strafen rechnen. Die Schwarztauscher in Polen wechselten unser Geld zu einem ähnlichen Kurs. Auch hier war es ein Risiko, bei Personen, die man nicht kannte, in Polen Geld schwarz zu tauschen. Der Schwarzgeldhändler konnte auch dem polnischen Geheimdienst angehören. Woher das Geld aus den osteuropäischen Ländern kam, war uns schleierhaft, denn das Ostgeld durfte nicht ausgeführt werden.

Der Sonderzug von Köln nach Olsztyn wurde in Köln Hbf auf Gleis 1 ca. eine halbe Stunde vor Abfahrt zum Zusteigen bereitgestellt. In den ersten Jahren war der Zug als Reisebüro-Sonderzug ausgeschildert, später als Hummel-Express, oft mit einem Alpen-See-Express-Wagen. Die Zuglaufschilder durften nur mit polnischen Städtenamen bedruckt sein. Beschilderungen wie Köln – Allenstein (Olsztyn) – Köln waren nicht zulässig. Oft machten die Reiseleiter auf Bitten des Aufsichtsbeamten von Gleis 1 eine Bahnsteigdurchsage für den Zug nach Olsztyn mit Nennung von allen Haltebahnhöfen in Polen mit den deutschen Bezeichnungen, wie Szczecin (Stettin), Koszalin (Köslin), Gdynia (Gdingen), Sopot, Gdansk (Danzig) Ilawa (Deutsch-Eylau), Stare Jablonki (Alt Jablonken), der Endstation Olsztyn (Allenstein) und dem Schlusssatz – dieser Zug ist für den öffentlichen Reiseverkehr nicht zugelassen. Hier in Köln kam auch eine Minibar der DSG Köln in den Zug, welche die Bewirtschaftung des Zuges bis Hannover übernahm.

Auf der Strecke von Köln bis Hannover über Düsseldorf, das Ruhrgebiet, Gütersloh, Bielefeld, Herford und Minden wurde der Zug knapp halb voll. Der Hauptzustieg begann in Hannover. Hier wurde oft ein Kurswagen aus Basel Badischer Bahnhof angekoppelt, betreut von der SBG Hamburg. Die E-Lok wurde gegen eine Diesellok getauscht, denn die weitere Strecke ab Lehrte war nicht elektrifiziert. Am Bahnsteig in Hauptbahnhof Hannover waren immer Mitarbeiter der TUI, die Materialien für den Gebietsreiseleiter der TUI in Danzig und für die örtlichen Reiseleiter/innen in Stettin oder Olsztyn mitgaben. Die Materialen waren Kataloge, Werbematerial und auch manchmal Autoersatzteile für die Firmenwagen der TUI in Polen. Auch der Außenstellenleiter der SBG Hannover war oft am Zug, um eventuell noch vor der DDR-Grenze etwas für das SBG-Personal zu erledigen.

Hier in Hannover stieg ein- bis zweimal in der Saison eine für uns ältere Dame mit Namen Herta mit ihren zwei Freundinnen zu. Ein Stammgast also. Ein Abteil für sich und ihre Freundinnen hatte sie immer über unsere Außenstelle in Dortmund reserviert. Herta kam aus Lüneburg und war eine sogenannte „Stangenmutter". „Stangenmutter" war der Begriff für Frauen, die während der Fahrt die Fernzüge reinigten, und da sie immer einen Schrubber mit einer langen Stange dabeihatten, entstand dieser Begriff. Das war kein Schimpfwort; Herta nannte sich selbst so. Da sie bei der Deutschen Bundesbahn arbeitete, kannte sie auch die Möglichkeiten, sich ein Abteil zur Selbstnutzung zu organisieren.

Dann ging es weiter von Hannover bis zur DDR-Grenze. Beamte des bundesdeutschen Grenzschutzes kontrollierten die Reisepässe der Reisenden bis Wolfsburg, der letzten Station in der BRD. Von Wolfsburg ging es weiter durch die Grenzbefestigungsanlagen der DDR bis nach Oebisfelde, dem Grenzbahnhof der DDR. Der Zug fuhr langsam in den hell erleuchten Bahnhof. Auf dem Bahnsteig standen aufgereiht die Grenzbeamten der Nationalen Volksarmee der DDR. Viele mit einem sogenannten Bauchladen, auf dem Pässe aufgelegt und abgestempelt wurden, andere mit Leitern. Über Lautsprecher hallte es: „Werte Reisende, wir begrüßen sie in der Deutschen Demokratischen Republik. Bitte halten Sie Ihre Reisedokumente und 5 DM Transitgebühr für die Ausweiskontrolle bereit". Dann stiegen die Grenzer und Zöllner der DDR ein und kontrollierten den Zug. Oft wurde eine sogenannte Sitzbankkontrolle durchgeführt. Die Reisenden mussten dabei das Abteil verlassen. Meistens ging eine Zöllnerin in das Abteil und leuchtete unter die Liegen. Auch wurde immer die Deckenverkleidung auf den Plattformen geöffnet. Vielleicht vermuteten die Grenzer, hier könnte jemand neben dem Wassertank des Liegewagens unbemerkt in die DDR einreisen. Ein Schäferhund lief über die Gleise unter dem Zug. Die DB-Lok wurde abgekoppelt. Der DB-Zugführer übergab seinem Reichsbahnkollegen die Wagenpapiere und fuhr mit der DB-Lok zurück in den Westen. Bei einem unbedarften Gespräch mit den Grenzbeamten, was denn gesucht würde, wurde geantwortet, dass stets nach Drogen, Waffen und pornografischen Schriften gesucht und diese einbehalten würden.

Da wir im Zug Musik über Lautsprecher in die Abteile übertrugen, kam es schon mal vor, das systemkritische Musik dabei war. Am schlimmsten traf es Udo Lindenberg. Die Kassette mit dem Song „Rudi Ratlos“ und dem Text von 1974

Rudi Ratlos mit viel Pomade
In den wenigen Haaren, die er noch hat
Schade, schade, schade, schade, Berlin '33
Da war er der schönste Geiger der Stadt
Da war er der Liebling aller Frauen
Und außerdem Leibmusikalartist
Von Adolf Hitler und Eva Braun

wurde wegen nationalsozialistischen Begriffen beschlagnahnahmt ebenso wie später das Lied vom Sonderzug nach Pankow von Udo Lindenberg, da hier der Genosse Erich Honnecker als Oberindianer, sturer Schrat bzw. Honni besungen wird. In der DDR erfüllte der Text den Tatbestand der Beleidigung und war deshalb verboten.
… und wieder schaffte es der kleine Udo nicht in den Arbeiter- und Bauernstaat.

Nach Abfahrt Oebisfelde haben die Betreuer schnell die Liegen für die Nacht hergerichtet. Um 23:00 Uhr war es still im Sonderzug. Meis-

Hauptabteilung XX/2 BSTU 0148 Berlin, 7. Februar 1983
5 Ex. 1. Ausf. / Ka

00005

10 FEB 1983

Rechtliche Einschätzung
des Liedtextes "Entschuldigen Sie, ist das der Sonderzug nach Pankow" von Udo Lindenberg

Die Einschätzung bezieht sich auf einen am 3. 1. 1983 um 15.30 Uhr im RIAS II und am 6. 1. 1983 um 21.20 Uhr im ZDF "Kennzeichen D" gesendeten Liedtext, der vom Staatlichen Komitee für Rundfunk - Redaktion Monitor - ungekürzt aufgezeichnet und als dessen Verfasser der BRD-Liedermacher und Rocksänger Udo LINDENBERG bezeichnet wurde.

In dem vorliegenden Text wird unterstellt, daß für den Sänger Udo LINDENBERG in der DDR ein Auftrittsverbot bestehe, weshalb sich der Verfasser des Textes an die Person des Generalsekretärs des ZK der SED, Genossen Erich Honecker, in seiner Eigenschaft als Vorsitzender des Staatsrates der DDR wendet, wobei dieser als "Oberindianer", "sturer Schrat", "Rocker" und als "Honni" bezeichnet wird. Außerdem wird am Ende dieses Liedes durch einen in Russisch gesprochenen Text, wonach der Oberste Sowjet der UdSSR nichts gegen ein Gastspiel von LINDENBERG in der DDR einzuwenden habe, eine Abhängigkeit des Vorsitzenden des Staatsrates der DDR von der Staatsführung der UdSSR suggeriert. Ausgehend davon ist einzuschätzen, daß diese Passagen des Textes objektiv geeignet sind, die persönliche Würde eines Menschen grob zu verletzen und zugleich das gesellschaftliche Ansehen des Vorsitzenden des Staatsrates der DDR wegen seiner staatlichen Tätigkeit herabzusetzen. Eine Verbreitung dieses Lindtextes in der Öffentlichkeit stellt somit objektiv eine Straftat der Beleidigung im Sinne des § 139 Absatz 3 StGB dar.

Einschätzung der Stasi zum Lindenberg-Text
„Entschuldigen Sie, ist das der Sonderzug nach Pankow?"

tens kam dann der Reichsbahnzugführer in das Abteil neben dem Reiseleiterabteil und trank mit uns Reiseleitern noch ein Bier. Das Personal der SBG hatte zu den Reichsbahn-Zugführern immer ein gutes Verhältnis. Die Zugführer wohnten im Bahnhofsgebäude von Oebisfelde. Wie sie erzählten, konnten sie nie überraschend Besuch bekommen, da sie ja im Grenzsperrgebiet wohnten. Besuch musste sich tagelang vorher per Antrag anmelden und die Familie der Zugführer wurde befragt, ob sie diesen Besuch haben wollten. Unserem Reichsbahnzugführer wurden Mitbringsel und Bestellungen übergeben. So kam es vor, dass sie einen dringend benötigten ¾ Zoll-Wasserhahn bekamen oder eine 3 x 9-Schallplatte mit Wumm von Wim Toelke. Als Gegenleistung bekamen wir häufig eine Flasche Nordhäuser Doppelkorn geschenkt, mit dem Hinweis, dieser Schnaps sei schwer zu bekommen und würde fast nur für die Intershops produziert.

Der Zug fuhr über den Berliner Nordring und Angermünde ohne Halt durch die DDR. Nach ca. 4,5 Stunden erreichte der Zug dann die polnische Grenzstation Szczecin-Gumience, (Stettin-Scheune). Eine Viertelstunde vor Ankunft in Szczecin-Gumience wurden die Reisenden mit Musik geweckt. Erst leise und dann immer etwas lauter hörten die Fahrgäste dann eine damals gängige Panflötenmusik. Es durfte mit keiner anderen Musik geweckt werden. Die Stammgäste im Zug erwarteten dies. Einmal befand sich in dem Funkkoffer für den Zug nicht die Kassette mit der Panflötenmusik und es musste mit anderer Musik geweckt werden, was mit Unbehagen bemerkt und später dementsprechend kommentiert wurde.

Für die Grenzformalitäten mussten die Fahrgäste in Szczecin-Gumience nicht von den Liegen aufstehen. Zuerst kamen die DDR-Grenzbeamten durch, kontrollierten die Pässe und stempelten den Ausreisestempel hinein. Dann kamen die polnischen Grenzbeamten. Diese kamen nie zusammen mit den DDR-Grenzbeamten durch den Zug. Die polnischen Grenzbeamten kontrollierten nicht nur die Pässe, sondern auch die Reiseunterlagen (Hotelvoucher). Wer ein Voucher für ein Hotel hatte, war vom Zwangsumtausch befreit. Oft kam es auch vor, dass die polnischen Grenzbeamten hinter zugezogenen Abteilvorhängen im Reiseleiterabteil saßen, ein Bier tranken und nach Zeitungen wie Neue Revue oder Stern fragten. Auf diesen Zeitungen war in den 70er Jahren oft ein barbusiges Modell abgebildet. Für DDR-Beamte eine pornografische Zeitschrift, für polnische Grenzbeamte eine interessante Lektüre. Nach der polnischen Passkontrolle verteilten dann die polnischen Zollbeamten Devisendeklarationen im Zug. Hier musste

In dieser Zeit typische Straßenbahn in der Innenstadt von Szczecin.

eingetragen werden, was an Geld (Westgeld), Schmuck und anderen wertvollen Sachen in die Volksrepublik Polen eingeführt wurde. Diese Bescheinigung musste gut verwahrt werden, denn ohne Devisendeklaration war eine Ausreise eigentlich nicht möglich. Der Reichsbahnzugführer übergab dem polnischen Zugführer der PKP an der Grenze die Wagenpapiere, fuhr aber meistens mit bis nach Danzig. Morgens früh

Die Ul. Langiewieca in Szczecin. Hier wohnte unser PKP Zugführer Hermann.

in Szczecin zu sein, war wahrscheinlich nicht so interessant. Bis Danzig konnte er im Sonderzug schlafen und einen schönen Aufenthalt dort haben. Für die Rückfahrt war der Reichsbahnzugführer ja auch wieder für diesen Zug von Szczecin bis Oebisfelde zuständig. Der Reichsbahnzugführer ging schlafen und der PKP-Zugführer nahm Platz im Abteil neben dem Reiseleiterabteil.

Delikatesy Geschäft – ein besserer Supermarkt in Szczecin.

Oft brachte der PKP-Zugführer, es war meistens Herman, er hieß eigentlich Hieromin, aber Herman ging uns leichter über die Lippen, selbst eingelegte Gurken und Pilze und Brathähnchen für ein ganz frühes Frühstück mit. Diese Leckereien gab es wohl schon zu dieser noch nachtschlafenden Zeit im Stettiner Hauptbahnhof oder er brachte sie von zu Hause mit. Er klappte die mittlere Liege in seinem Abteil hoch

Szczecin in den 1980er Jahren.

Fotos aus Szczecin, aufgenommen 1991, als es möglich war, in Polen Bahnhöfe zu fotografieren.

und richtete dort das Frühstück an. Natürlich trank man dazu Wodka im Stehen – wir waren in Polen angekommen.

An der Grenzstation wurde vor Abfahrt noch die Lok gewechselt und ein Speisewagen der polnischen Speisewagengesellschaft WARS angekoppelt. Wenn wir Glück hatten, schlief die Speisewagenbesatzung um diese Zeit noch. Es kam aber auch schon mal vor, dass ein Kellner in die Reiseleitung kam, uns in den Speisewagen bat, um das Menu mit dem Oberkellner zu besprechen. Im Speisewagen angekommen, stand schon die obligatorische Flasche Wodka vor dem Oberkellner auf dem ersten Tisch. Eine Besprechung war erst mal nicht angesagt und wir hatten Mühe, jetzt keinen Wodka zu trinken.

Gestelltes Foto mit unserem polnischen Zugführer Hermann.

In Szczecin Glowny, dem Stettiner Hauptbahnhof, kurz hinter der Grenze, dann die ersten Ausstiege zwischen 3 und 4 Uhr morgens. Der nächste Halt in den frühen Morgenstunden war Koszalin (Köslin). Hier stiegen Reisende aus, die einen Urlaub in Kolberg an der Ostseeküste gebucht hatten. In Koszalin holte Helena, eine Reiseleiterin vom polnischen staatlichen Reisebüro ORBIS, die aussteigenden Gäste ab. Für Helena hatten wir Reiseleiter oft die neuesten Neckermann- oder Quelle-Kataloge dabei. Helena schneiderte nach den Abbildungen in diesen Katalogen Kleider für sich und ihre Freundinnen. Als Dank bekamen die Reiseleiter auf der Rückfahrt oft verzierte Holzkästchen aus den staatlichen Cepilia-Kunstgewerbe-Geschäften geschenkt. Wir nannten Helena „die schöne Helena". Schön war sie auch, aber nicht nach westeuropäischen Schönheitsidolen. Helena war etwas älter als wir, hübsch, etwas füllig und besonders nett.

Einmal prahlte ein Eisenbahner, er musste für diese Fahrt noch nicht einmal einen Auslandsfahrschein opfern. Er hätte seinen Freifahrtschein der Bundesbahn einfach von Köln bis Olsztyn selbst ausgefüllt. Eigentlich wurden auf der Strecke durch die DDR und auch auf der polnischen Strecke keine Fahrkarten kontrolliert, aber zu diesem Fahrgast bin ich mit unserem polnischen Zugführer gegangen, um seinen Fahrschein zu kontrollieren. Er wurde aufgeklärt, dass Olsztyn nicht in der Bundesrepublik liegt und er für die polnische Strecke der PKP nun mal keine Fahrkarte hätte. Mit 20 DM für unseren polnischen Zugführer war die Sache erledigt und beide waren mit dieser Regelung mehr als zufrieden.

Nach Koszalin kam Leben im Zug auf. Die meisten Reisenden standen auf. Der WARS-Speisewagen hatte geöffnet. Und hier gab es Spiegeleier mit Speck, Rührei mit Schinken, Torte und andere Köstlichkeiten. Kaffee gab es in Gläsern. Polnischer Kaffee besteht aus Kaffeemehl, das mit kochendem Wasser aufgegossen wird. Der Kaffee musste sich setzen. Wer jetzt den Zucker vergessen hatte und den Kaffee wieder umrühren musste, hatte eine längere Wartezeit vor sich. Mit Tee, polnisch Herbata, war es einfacher. Tee gab es auch in Gläsern, aber mit Teebeuteln. Auf der nächsten Station, in Slubsk, ehemals Stolp, stiegen staatliche Geldwechsler zu. Jetzt hatten die

Reisenden die Möglichkeit, offiziell Geld zu tauschen. Davon wurde aber kaum Gebrauch gemacht. Mit D-Mark zu bezahlen war in Polen beliebter. In Lebork stiegen die Geldwechsler mit ihren Zlotys wieder aus.

Vom Reiseleiterabteil aus wurde Musik übertragen. Die Gäste im meist gesetzten Alter konnten dazu gerne auch ihre Wünsche äußern.

Beliebt waren „Die Fischerin vom Bodensee", Gerhard Wendland mit „Ich tanze mit Dir in den Morgen" oder Lieder von Rudi Schurike. Alles Schlager aus den 50er Jahren. Oft machten wir mit diesen Liedern auch eine richtige Hitparade oder Wunschkonzerte. Es wurde dann durchgesagt, welche Dame im Zug sich jetzt dieses Lied von dem

Wars-Speisewagen.

bekannten Schlagersänger gewünscht hat. Wir hatten alle Spaß daran, besonders unsere Gäste.

Hinter Lebork erreichte der Zug Gdynia, ehemals Gdingen. Die eingleisige Strecke von Szczecin aus endete hier. In Gdynia wieder Lokwechsel und Überprüfung der Bremsen. Hier endete auch der Dienst des Zugführers aus Szczecin und ein neuer Zugführer war zuständig für die restliche Strecke. Ab jetzt war die Strecke elektrifiziert. Trotzdem bekam der Zug wieder eine Diesellok. Die elektrifizierte Strecke ging von Gdynia über Gdansk, Torun nach Warschau. Der Sonderzug nach Olsztyn verließ jedoch hinter Gdansk diese Hauptstrecke. Nach Gdynia Halt in Sopot, dem bekannten Seebad an der Ostseeküste. Danach fuhr

Im Wars-Speisewagen.

der Sonderzug an der Leninwerft vorbei in den Hauptbahnhof von Danzig – Gdansk Glowni.

In Danzig stiegen viele Reisende aus. Auch kamen hier die Gebietsreiseleiter der Reisegesellschaften an den Zug und holten ihre Post ab. Die Post bestand nicht nur aus Briefen. Es waren Kisten mit Werbegeschenken, Autoersatzteilen und Plastiktüten. Warum Plastiktüten? Plastiktüten waren seinerzeit in Polen Luxusgüter. Auf den Märkten und in den Fußgängerzonen saßen Leute und verkauften Plastiktüten mit den verschiedensten bunten Aufdrucken für viel Geld. Das Einkaufsnetz war nicht mehr angesagt, sondern die Plastiktüte mit bunter Werbung für die unterschiedlichsten westlichen Produkte. So ließ die

Im Wars-Speisewagen.

Hummelreise Plastiktüten als Werbematerial herstellen, auf der einen Seite mit polnischer, auf der anderen Seite mit deutscher Beschriftung. Gerüchten zufolge finanzierten sich die Gebietsreiseleiter mit diesen Tüten ihre Tennisstunden, was man aber nicht glauben sollte. Denn Dienstleistungen waren zu dieser Zeit in Polen sehr günstig. Auch blieben Pakete von uns mit Pampers in Danzig, da ein Gebietsreiseleiter mit seiner polnischen Lebensgefährtin ein Baby hatte. Die Zeit, in der Windeln gewaschen wurden, kannte er nicht mehr und Pampers waren in Polen nicht zu bekommen. Einer der beiden Zugreiseleiter blieb bis zur Rückfahrt in Danzig, um hier einen längeren Aufenthalt zu haben.

Hauptbahnhof Gdansk 1991.

Hauptbahnhof Gdansk 1991.

Danzig war in den 70er Jahren schon eine pulsierende Stadt mit einer wunderschön restaurierten Altstadt. So konnte man am Neptunbrunnen vor dem Rathaus auf dem Langen Markt gemütlich ein Lody (auf Deutsch ein Eis) essen oder die Bernstein- und Antiquitätenläden im Souterrain der wunderschönen Ul. Maricka, der Frauengasse, besuchen. In der Frauengasse soll in einem Lokal Günter Grass seine „Danziger Trilogie" geschrieben haben. Von da ging es meistens durch eines der Stadttore zur Promenade am Ufer der Motlawa mit dem berühmten Krantor. Stilvoll essen konnte man im Lachs. Das älteste Restaurant in Danzig, ursprünglich eine Likörfabrik. Seit 1704 steht dieses Haus in der Danziger Breitgasse. Damals war es üblich, dass die Häuser statt

Hauptbahnhof Gdansk 1991.

mit Hausnummern durch Tierbilder als Hausmarken gekennzeichnet waren. Das Haus in der Breitgasse hatte an der Fassade seit alters her ein Schild mit einem Lachs, weshalb es „Lachshaus" oder einfach „Der Lachs" genannt wurde. Das Symbol wurde in die Sandsteinornamentik der barocken Fassade übernommen. Nach dem Zweiten Weltkrieg wurde das Haus nach seiner Zerstörung wieder aufgebaut und war und ist ein renommiertes Restaurant mit Namen „Pod Łososiem" (deutsch: „Zum Lachs"). Im Lachs zu Danzig, als das Haus noch eine Spirituosenbrennerei und Likörfabrik war, wurde das „Danziger Goldwasser", der über Jahrhunderte international bekannte und legendäre Likör hergestellt und vertrieben. Danziger Goldwasser wurde auch in der Lite-

Hauptbahnhof Gdansk 1991.

ratur vielfach erwähnt, so in Gotthold Ephraim Lessings „Minna von Barnhelm“. Aber auch im Tatort „Moltke“ aus Duisburg bekommt der verurteilte Verbrecher Moltke jedes Jahr von Götz George alias Schimanski zum Geburtstag eine Flasche Goldwasser ins Gefängnis geschickt. Zu unserer Zeit gab es im Lachs kein Goldwasser mehr, das teuerste Getränk auf der Karte war „Mateus Rose“, ein heute sehr preiswerter halbtrockener Rosé-Wein aus Portugal. Im August, wenn der Dominikaner-Markt mit Antiquitäten und Kunsthandwerk stattfand, war es ein besonderes Erlebnis, in Danzig auszusteigen.

Von Gdansk (Danzig) fuhr der Zug weiter nach Tcew (ehemals Dirschau) über eine Gitterkastenbrücke über die Weichsel, an Malbork – Marienburg – an der Marienburg, der größten Burg des Deutschen Ritterordens in Ziegelgotik aus dem 13. Jahrhundert, vorbei bis nach Ilawa, ehemals Deutsch Eylau. In Ilawa machte der Zug Kopf, das heißt,

Restauranttafel „Pod Łososiem“, zum Lachs.

die Lok wurde am anderen Ende des Zuges wegen des Richtungswechsels wieder angekoppelt. Hier passierte es einmal, dass ein Reisender sein Gebiss in der Toilette des Schlafwagens verlor. Das Gebiss lag auf den Gleisen unter dem Schlafwagen. Wegen des Rangiervorgangs durfte natürlich keiner unter den Schlafwagen klettern, um das Gebiss zu bergen. Also musste der Zug etwas weiter rangiert werden, damit man besser an das Gebiss herankam. Alles ging gut. Wir haben alle neugierig geschaut, ob das Gebiss direkt wieder im Mund verschwand, aber das tat es nicht – vielleicht auch wegen unserer Empfehlung, das Gebiss zunächst im Speisewagen mit Wodka zu desinfizieren. Dann ging es weiter über Osterode, Stare Jablonki, ehemals Alt-Jablonken durch die schöne Landschaft der masurischen Seenplatte bis zum Endziel Olsztyn – Allenstein. So viele Störche wie in den Masuren hatten wir noch nie gesehen.

Fischtransportwagen auf dem Markt in Danzig.

Plakat einer Ausstellung in der ehemaligen Leninwerft zur Toilettenpapierknappheit in der Volksrepublik Polen.

Nicht alle Reisende, die in Olsztyn ausstiegen, blieben in Olsztyn (Allenstein). Viele machten Urlaub in anderen Orten von Ostpreußen, in Ihrer ehemaligen Heimat vor dem Ende des Zweiten Weltkrieges. Die Betreuer des Zuges hatten jetzt zwei Stunden Aufenthalt in Olsztyn. Vor dem Bahnhofsgebäude warteten viele Taxen, Ladas und Polski-Fiats. Aber nur eine Taxe war für das Sonderzugpersonal wichtig. Das Taxi von Bruno, ein hellblauer Mercedes. Bruno war spezialisiert für die Wünsche der Betreuer. Zunächst ging es in ein Pewex-Geschäft (ein polnischer Intershop). Hier konnte für Westwährung eingekauft

Die ehemalige Leninwerft in Gdansk.

Werbung für die PEWEX-Geschäfte an einer Hauswand in Danzig.

werden. Die Flasche Wodka kostete 1 US-Dollar. Eine Stange Zigaretten war ebenso wie Lewis-Jeans preislich viel günstiger als in der BRD. Auch der Wunsch nach Krimsekt wurde erfüllt. In den Geschäften war er nicht zu bekommen. Alles durfte zollfrei aus Polen ausgeführt werden – aber leider nicht zollfrei in die BRD eingeführt. Mit Bruno fuhr man zum Hintereingang des entsprechenden Geschäftes und die Kiste Krimsekt wurde nach Bezahlung – die Flasche für 5 DM – in Brunos Mercedes geladen. Dann ging es in ein Cepilia-Geschäft. Tischdecken aus Leinen mit Stickereien waren für Mütter und Omas zu Hause immer ein passendes Geschenk, aber auch Ledertaschen. Nur die durften aus Polen nicht ausgeführt werden. Eine halbe Stunde vor Abfahrt war das Personal wieder am Zug. Aufgerüstet wurde erst nach Abfahrt. Zuerst mussten die Einkäufe verstaut und dann die Gäste zu ihren Abteilen gebracht werden. Da nach dem Reinigen des Zuges regelmäßig kein Toilettenpapier mehr in den Toiletten war, musste dieses jetzt verteilt werden.

Bahnhof Olsztyn Glowny.

Kurz nach Abfahrt in Olsztyn öffnete auch wieder der WARS-Speisewagen. Es gab Kaffee und Torte, aber auch Wodka. Die Gäste genossen das Zusammensein im Speisewagen, um ihre Erlebnisse anderen zu erzählen. So gab es auch viele erzählenswerte Situationen. Einmal kam ein älterer Herr in das Reiseleiterabteil, um sich in den Speisewagen abzumelden. Eine halbe Stunde später stand dann eine Dame vor dem Reiseleiterabteil und sagte: „Mein Name ist Frau Fritz Boweng und wo ist übrigens mein Mann“. Der Dame konnte geholfen werden. Ihr Mann saß nicht mehr ganz nüchtern bei Wodka im Speisewagen.

Am Nachmittag erreichte der Zug wieder Gdansk. Hier füllte sich der Zug bis auf wenige Einstiege auf den folgenden Stationen. Nach

Bahnhof Malbork (Marienburg).

dem Lokwechsel in Gdynia stieg fast jede Woche ein Fischer, bepackt mit einem Korb, gefüllt mit geräuchertem Lachs, Aal und Gläsern mit Lachskaviar in den Zug. Er fragte beim Zugreiseleiter, ob er seine Lachse und Aale im Zug bis zur nächsten Station Lebork verkaufen dürfte. Nach einer Ankündigung über die Lautsprecheranlage ging der Fischer von Abteil zu Abteil und konnte auch einiges verkaufen. Mit dem Rest kam er dann in das Reiseleiterabteil. Für diesen Moment hatten die Reiseleiter immer eine Palette DAB-Dosenbier mit. Jetzt wechselte, nachdem zusammen ein Bier getrunken wurde, der Restbestand an Lachs, Aal und Kaviar den Besitzer. Der Fischer war froh, DAB-Bier mit nach Hause zu nehmen und die Reiseleiter hatten Lachs, Aal und Kaviar für zu Hause.

Bahnhof Malbork (Marienburg).

Gegen Abend wurden im Zug die Liegen für die Nachtstrecke aufgebaut. Der WARS-Speisewagen hatte allerdings immer bis 01:00 Uhr geöffnet. Und hier ging es hoch her. Das Personal saß mit den Gästen zusammen, es wurde gegessen und getrunken. Einmal stand der Zug mitten auf der Strecke für längere Zeit. Ich fragte den Zugführer, was los wäre. Er gab mir seine Lampe mit dem grünen Licht und meinte, ich solle sie mal aus dem Fenster Richtung Lok halten. Danach fuhr der Zug wieder.

Für den Grenzübergang in Szczecin-Gumience mussten die Reisenden nicht von den Liegen aufstehen. Zuerst kamen die polnischen Grenzbeamten und der polnische Zoll. Der Zoll sammelte die Devi-

TUI-Ferienexpress 1991 in Gdynia.

sendeklarationen ein. Darin musste der verbleibende Restbetrag an Devisen eingetragen werden. Danach kamen die Grenzbeamten der DDR, kontrollierten die Pässe und sammelten von jedem Fahrgast 5 DM Transitgebühr ein. Währenddessen wurde wieder die Lok gewechselt und der Speisewagen abgekoppelt. Das polnische Speisewagenpersonal blieb im Wagen und schlief dort, wohl bis zum nächsten Einsatz. Der Sonderzug fuhr dann durch die Nacht bis zum frühen Morgen ohne Halt bis Oebisfelde.

Eine halbe Stunde vor Ankunft in Oebisfelde, der letzten Station in der DDR und Grenzstation zur BRD wurden die Reisenden geweckt. Zur ausführlichen Kontrolle durften keine Reisenden mehr in den Ab-

Bahnhof Sopot.

teilen liegen. Das SBG-Personal hatte jetzt wieder zwei vollgestempelte Seiten im Reisepass. Stempel für Ein- und Ausreise jeweils aus der DDR und Polen, gleich vier auf einer Seite und daneben das polnische Einfachvisum.

Mit der DB-Diesellok für die Weiterfahrt in den Westen kam auch der DB-Zugführer nach Oebisfelde. In Wolfsburg, der ersten Station in der BRD, stiegen dann der Bundesgrenzschutz und der deutsche Zoll ein. Bis Hannover wurden Pässe kontrolliert und der Zoll fragte nach anmeldepflichtigen Waren. Wer wahrheitsgemäß seine vielen Flaschen Wodka angab, hatte viel Zoll zu zahlen. Um die Mittagszeit erreichte der Zug aus Olsztyn meistens pünktlich den Kölner Hauptbahnhof. Das SBG-Personal fuhr aber nicht mit dem Leerzug zurück nach Dortmund, sondern wartete auf den Reisebüro-Sonderzug aus Port Bou in Spanien bzw. Cerbère zurück nach Dortmund. Dann wurde polnischer Wodka gegen Bacardi aus Spanien getauscht.

Der Sonderzug von Köln nach Olsztyn fuhr bis zur Sommersaison 1989. Nach der Wende wurde der TUI-Ferienexpress als Sonderzug nach Polen eingesetzt. Er verkehrte bis zum Ende dann über Berlin, Frankfurt/Oder, Poznan, Torun, Gdansk bis nach Gdynia. Zu DDR-Zeiten hatte der TUI-Ferienexpress keine Zulassung bekommen, um auf Reichsbahngleisen zu fahren. Züge aus Privatwagen galten als „Kapitalistenzüge". Eine Ausnahme wurde jedoch gemacht. Die Ferienexpresswagen wurden in West-Berlin gebaut und durften von Berlin in die BRD überführt werden.

Im Sommer 1980 wurde im August während des Aufstandes in der Leninwerft in Danzig ein Leerzug nach Olsztyn eingesetzt, um alle Touristen aus der Volksrepublik Polen zu holen. An der Grenze nach Polen waren die Grenzer überrascht, dass dies der letzte Zug in dieser Sommersaison sein sollte. Auf den Bahnhöfen, bis auf Danzig, war nichts von dem Ausnahmezustand im Land zu spüren. Außer vielleicht, dass überall Alkoholverbot herrschte. Nur im WARS-Speisewagen am Sonderzug nach Olsztyn nicht. Dieser wurde an jedem Bahnhof mit der Bitte um Wodka belagert. Jedoch erfolglos. Ende der Saison 1980 organisierte die Ameropa eine Reise nach Polen, jedoch mit dem Schiff von

Travemünde nach Danzig. Die Urlauber schliefen in Danzig nicht im Hotel, sondern auf dem Schiff, um jederzeit wieder ablegen zu können.

Neben dem Sonderzug nach Olsztyn verkehrte für Reisende nach Schlesien ein Kurswagen von Aachen nach Leipzig. In Leipzig mussten die Reisenden in den Regelzug nach Przemysl umsteigen, der über Dresden-Neustadt, Görlitz, Zgorzelec, Breslau, Katowice und Krakau fuhr.

Über diesen Kurswagen wird im nächsten Kapitel berichtet.

Im TUI-Ferienexpress 1991 von Gdynia nach Dortmund.

Kapitel 8

Leipziger Allerlei

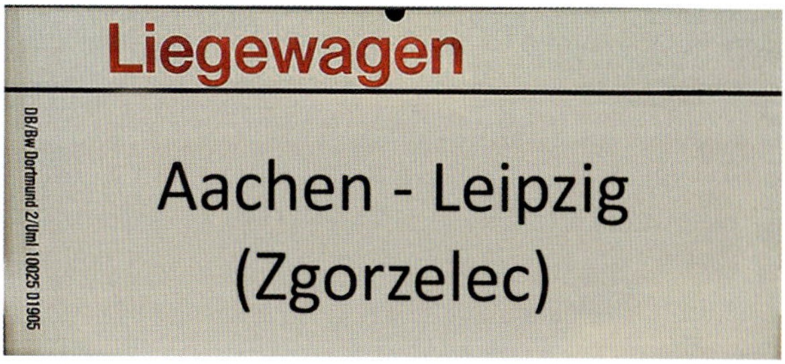

Nicht jeder, der seine alte Heimat in der jetzigen Volksrepublik Polen besuchen wollte, kam aus dem ehemaligen Ostpreußen. Es gab auch Reisende, die einen Bezug zum ehemaligen Schlesien hatten, allerdings nicht so viele. Während ins ehemalige Ostpreußen ein ganzer Sonderzug nach Olsztyn (Allenstein) in der Sommersaison eingesetzt wurde, verkehrte für Urlauber nach Schlesien nur ein Kurswagen, und zwar auch nur bis Leipzig. Richtung Schlesien musste umgestiegen werden in den Regelzug nach Przemysl, welcher über Dresden Neustadt, Görlitz, Zgorzelec, Breslau, Katowice und Krakau fuhr. Reiseleiter und Betreuer, die ein Visum für die Volksrepublik Polen hatten, um im Sonderzug nach Olsztyn eingesetzt werden konnten, fuhren ab und zu auch mit dem Kurswagen von Aachen nach Leipzig. Zumeist aber auch weiter in die erste Stadt in Polen, nach Zgorzelec hinter dem Grenzübergang Frankfurt (Oder). Man hatte ein Visum für Polen und durfte die DDR nur als Transitland bereisen. Wenn die DDR-Grenzer in Oebisfelde gnädig waren, war es möglich, eine sogenannte Zählkarte zu bekommen, um in Leipzig zu bleiben. Mit dieser Zählkarte durfte allerdings der Leipziger Hauptbahnhof nicht verlassen werden. Anfangs übernahm ein Reiseleiter vom staatlichen polnischen Reisebüro ORBIS die Reisenden Richtung Wroclaw (Breslau) an der polnischen Grenze, später fuhr dann ein Zugreiseleiter von uns weiter mit den Reisenden ab Leipzig. Dafür wurden jedoch nur festangestellte Reiseleiter eingeteilt, denn die mussten eine Woche in Breslau bis zur nächsten Rückfahrt übernachten, hatten dementsprechend eine hohe Ausbleibezeit, die im Oktober und November, wo keine Sonderzüge fuhren, ausgeglichen wurde.

Einmal mitten in der Saison luden hochrangige TUI-Vertreter die Zugreiseleiter und langjährigen Betreuer im Verkehr nach Polen zu einem Arbeitsessen in Dortmund ein, um über Schwierigkeiten in den Zügen

Der Leipziger Hauptbahnhof 1990, als er fotografiert werden durfte.

nach Polen informiert zu werden. Eigentlich gab es nur eine Schwierigkeit, und das war der Umstieg in Leipzig. Einen Gepäckträger zu finden, der mit seiner Elektrokarre die Koffer unserer Reisenden von unserem zum nächsten Bahnsteig beförderte, gab es manchmal, aber meistens nicht. Klappte es, bekam der Gepäckträger einen 20-DM-Schein von uns in die Hand gedrückt. Wir konnten diese Auslagen unbürokratisch in der Außenstelle, natürlich ohne Quittung, abrechnen. Unser frisch gebackener Betriebsleiter West, der hierarchisch noch über dem Außenstellenleiter angesiedelt wurde, bekam den Auftrag, das in

Bahnhöfe waren in der DDR (wie in allen sozialistischen „Bruderländern") strategisch wichtig. Das Fotografieren von Bahnhöfen war streng verboten.

Leipzig zu regeln. Und ich bekam den nächsten Einsatz für den Kurswagen nach Leipzig.

Am besagten Tag fuhr ich vollbepackt nach Aachen, um unseren Kurswagen nach Leipzig zu übernehmen. Vollbepackt, weil wir den Liegewagen selbst mit Getränken bewirtschafteten, wie die meisten Kurswagen. Unsere Gäste wollten schließlich abends ein Bier und morgens einen Kaffee bekommen. Diese Bewirtschaftung wurde von den Betriebsleitungen toleriert, wie alles, was zum Wohl unserer Gäste war. In Aachen angekommen, musste ich feststellen, dass der bereitgestellte

Kuppeldach des Leipziger Hauptbahnhofs 1990.

Liegewagen nicht von uns aus Dortmund, sondern ein älteres Modell aus Köln war, und das ohne Decken- und Kissenbestand. Der Fahrdienstleiter in Aachen fand dafür auch keine Erklärung, aber ich hätte ja schließlich einen Liegewagen. So musste ich telefonisch unseren Außenstellenleiter in Dortmund bei der Tagesschau stören, ihm meine Situation schildern und bitten, Wäsche in Dortmund an meinen Wagen zu liefern. Im Dortmunder Hauptbahnhof angekommen, stand nicht nur unser Betriebsleiter auf dem Bahnsteig, sondern auch unser Außenstellenleiter mit einem Kollegen, der das Wäschelager organisierte.

Eingangshalle des Leipziger Hauptbahnhofs 1990.

Beide schmunzelten, denn sie wussten, dass jetzt unser Betriebsleiter beim Verteilen der Wäsche helfen musste. Die Hälfte der Gäste war schließlich schon zugestiegen. Selbstverständlich half der Betriebsleiter beim Aufrüsten des Wagens. Danach konnten wir im Dienstabteil endlich ein Bier zusammen trinken.

In Hannover stieg dann der große Rest der Reisenden zu. Hier auf dem Bahnsteig kontrollierte ich immer, ob meine Gäste auch einen Reisepass mit einem Visum für Polen mit sich führten. Wenn das nicht der Fall war, durften sie nicht einsteigen. Ohne Pass oder Visum hätten sie in Wolfsburg aussteigen und die halbe Nacht auf einen Zug zurück nach Hannover warten müssen, oder – noch schlimmer – sie wären in Oebisfelde wegen fehlender Reisepapiere verhaftet worden. Dieses Mal durfte ein Ehepaar nicht einsteigen. Nachdem unser Betriebsleiter meine Aktionen wohlwollend zur Kenntnis nahm, meinte er, ich hätte das Zeug zum Zugreiseleiter und würde zu den nächsten Einsätzen auch als Reiseleiter eingesetzt. Nach zwei Jahren Liegewagenbetreuer war ich jetzt Reiseleiter bei der Sonderzug-Betriebsgesellschaft.

In Oebisfelde erfolgte wie immer die intensive Pass- und Zollkontrolle durch die DDR-Grenzorgane. Hier kam ein Major der Grenztruppen zu mir und fragte, was das für ein Gast in meinem Wagen wäre. Ich erläuterte, er sei Betriebsleiter von unserer Firma und hätte gerne eine Zählkarte, um in Leipzig zu bleiben. Was ist eigentlich ein Betriebsleiter bei Euch? Ich erklärte, dass ein Betriebsleiter bei uns ein hohes Tier wäre und es daher schön wäre, wenn er eine Zählkarte zum Aufenthalt in Leipzig bekäme. In Ordnung, meinte der Major, machen wir, aber dafür muss er aussteigen und mitkommen. Nach der Abfahrt aus Oebisfelde kam dann der Betriebsleiter zu mir und meinte, dass er es ganz schön mulmig fand, in dem Raum bei den Grenzbeamten zu warten. Aber schließlich hätte er es geschafft, eine Zählkarte für den Aufenthalt in Leipzig zu bekommen.

Die Fahrt von der Grenze bis Leipzig war immer sehr kurz, aber zum Schlafen reichte die Zeit so eben. Eine Stunde vor Leipzig dann die Gäste wecken, Kaffee verkaufen, danach Wäsche einsammeln und die Koffer zum Ausstieg auf der Plattform des Wagens bereitstellen. Im

Leipziger Hauptbahnhof wurde unser Sonderwagen abgekoppelt und auf ein Abstellgleis vor der Bahnhofseinfahrt abgestellt. Die anderen Wagen des Zuges von Aachen nach Krakau kamen an den Regelzug von Leipzig nach Przemysl an der sowjetischen Grenze. In einem der Wagen von Leipzig nach Przemysl der DDR-Reichsbahn waren die Plätze für unsere Urlaubsgäste nach Schlesien reserviert. Ich konnte direkt nach Ankunft einen einsamen Gepäckwagen entdecken und zog damit zusammen mit meinen Gästen zum anderen Bahnsteig. Der Betriebsleiter hatte ja in Leipzig etwas zu organisieren.

In dem Zug von Leipzig Richtung Polen war oft Peter (auf sächsisch Pöter) aus Riesa der Zugführer. Wenn es in der 2. Klasse zu sehr nach Desinfektionsmittel stank, hatte er nie etwas dagegen, wenn ich

Der Leipziger Hauptbahnhof 1990.

meine Leute in die 1. Klasse umsetzte, auch wenn die Transportpolizei mit im Zug war. Peter meinte, die Transportpolizei würde Ärger mit Westdeutschen stets vermeiden wollen. Einmal bat Peter mich, ihm Kaugummi der Marke Wrigleys mitzubringen. Als ich ihm eine Woche später den Kaugummi gab, meinte er enttäuscht, im Fernseher wäre das Päckchen Kaugummi viel viel größer. Er hatte im Westfernsehen die damalige Wrigleys-Werbung gesehen, in der ein übergroßes Wrigleys-Paket schwungvoll durch die Stadt getragen wurde und hatte erwartet, dass ich ihm auch so ein großes Paket Kaugummi mitbringen würde…

Immer brachte ich ihm verschiedene Biersorten in Dosen mit, die wir zusammen getrunken haben. Peter sammelte, wie damals viele in

Werbung für den Zoo, Hauptbahnhof Leipzig 1990.

der DDR, leere Bier-, Cola-, Fanta- und andere Dosen aus dem Westen. Wie ich auf einem Bild von ihm bewundern konnte, standen die Dosen in Peters Zimmer aufgereiht in einem Regal. Einmal meinte Peter, er wolle mich in ein nettes Lokal in seiner Heimatstadt Riesa zum Essen einladen. Ja, meinte ich, darüber würde ich mich sehr freuen. Ich würde mich in der nächsten Woche nach Leipzig einteilen lassen und bestimmt eine Zählkarte für den Aufenthalt in Leipzig bekommen. Nein, meinte Peter, so ginge das nicht. Einen Tisch in einem Lokal in der DDR zu bekommen, würde Wochen dauern. Irgendwann klappte es doch einmal, wir waren zusammen in einem Restaurant essen. Das Essen war gut, nur mein Zigeunerschnitzel hatte ich mir anders vorge-

Werbung für den Zoo, Hauptbahnhof Leipzig 1990.

stellt. Anstatt Paprika befand sich nur eine Prise Paprikagewürz in der Sauce.

In Görlitz, der letzten Station in der DDR, war Pass- und Zollkontrolle, aber nur von den DDR-Grenzbeamten. Danach fuhr der Zug über die Neiße und erreichte den polnischen Nachbarort Zgorzelec mit den polnischen Grenzkontrollen. Hier übergab ich meinem polnischen Kollegen von ORBIS meine Gäste. Die Reiseleiter von ORBIS hatten meistens akademische Berufe wie Ärzte, Lehrer usw. Da sie in ihren Berufen in der Volksrepublik Polen zu wenig verdienten, mussten sie sich etwas dazuverdienen. Arbeiter hatten damals in Polen eine körperlich schwerere Arbeit und verdienten mehr, anders als bei uns. So hatten die ORBIS-Reiseleiter immer Kunstgewerbe wie Holzfiguren oder Lederbeutel mit, die sie uns gegen DM verkauften. Zgorzelec hatte nicht den Charme eines Urlaubsortes. Die Lokale waren einfach. Am besten war es Eierkuchen zu essen und dabei darauf zu achten, dass er nicht mit grünen Erbsen überschüttet wurde. Neben dem Bahnhof konnte man im Sommer fast im Freien Bier trinken. Über zwei Bierkisten wurde ein Brett gelegt und dahinter stand ein Mann und verkaufte Flaschenbier, das noch nie einen Kühlschrank gesehen hatte. Hoffentlich hatte der Zug nach Leipzig keine Verspätung.

Der Zug nach Leipzig hatte keine 1. Klasse und meine Gäste, die aus Schlesien zurückkamen, mussten im desinfektionsverseuchten 2. Klasse-Wagen ausharren. Dementsprechend schlecht war die Stimmung. Da dies öfters vorkommen konnte, hatten wir immer Plastikbecher aus unserem Liegewagen dabei. Und eine Flasche Wyborowa-Wodka aus dem zollfreien PEWEC-Laden in Zgorzelec. Alle meine Gäste tranken natürlich Wodka auf ihre alte Heimat – und die schlechte Stimmung änderte sich und wurde lockerer. In Leipzig angekommen, hatte der Betriebsleiter es geschafft, einen Gepäckservice zu organisieren. Das Gepäck meiner angeheiterten Gäste wurde auf die Gepäckkarre geladen, die Gäste mussten sich an der Karre festhalten – und Volkslieder singend, „Es klappert die Mühle am rauschenden Bach“ usw., ging es zum bereitgestellten Liegewagen nach Aachen. Beim Ausstieg in Hannover und später an den anderen Stationen am nächsten Morgen haben sich fast alle für die schöne Rückfahrt aus ihrem Urlaub mit einem ordentlichen Trinkgeld bedankt.

Zwei Wochen später betreute ich wieder den Kurswagen nach Leipzig. In Aachen befand sich der richtige Liegewagen, auch sonst schien alles in Ordnung zu sein. Nach Abfahrt Hannover dann Ausfall des Generators für die Stromversorgung des Wagens. Das Licht wurde immer schwächer, und das fast mitten in der Nacht. Bei Ankunft in Oebisfelde nur noch schummriges Licht im Wagen. Meine Gäste störte das nicht, aber die Grenzbeamten der Deutschen Demokratischen Republik. Sie kontrollierten mit unzufriedener Miene die Pässe der Reisenden mit hell leuchtenden Taschenlampen. Nach den Kontrollen kam der Hinweis von einem Major der Grenztruppen, wenn der Wagen bei der Rückfahrt kein Licht hätte, würde er an der Grenze vom Zug abgekoppelt und bis zum nächsten Morgen mit den Reisenden im Bahnhof stehen, um dann im Hellen kontrolliert zu werden. Die Weiterfahrt in den Westen nach Wolfsburg ginge dann gegen Mittag mit dem nächsten Güterzug. Schöne Aussichten.

Ich durfte in Leipzig bleiben. Im Leipziger Hauptbahnhof klappte es mit dem Gepäcktransfer zum Zug Richtung VR Polen. Als die Rangierlok meinen Wagen zum Abstellgleis bringen wollte, bat ich den Rangierer, einen Wagenmeister zu holen. Nach Schilderung meines Problems, erfuhr ich, dass mein Wagen in eine Halle gebracht würde, der Generator zwar nicht in Leipzig repariert werden könne, aber die Batterien geladen würden. In der Wagenhalle erlebte ich eine Völkerwanderung durch meinen Liegewagen. Die Arbeiter besichtigten meinen Wagen, denn der hatte schließlich Teppiche im Gang und in den Abteilen und keine Plastikpolsterungen wie in den Reichsbahnwagen der DDR. Dann kam der Wagenmeister und erklärte mir, sie hätten keinen Batteriekastenschlüssel für den Batteriekasten, um an die Batterien unterhalb des Wagens zu kommen. Da konnte ich Abhilfe schaffen. Nicht, dass ich einen Batteriekastenschlüssel hatte, sondern ich wusste, wie dieser Schlüssel aussah und konnte eine Skizze davon machen. Schließlich hatte ich vor Jahren ein Praktikum in der Wagenhalle des Dortmunder Betriebsbahnhofs absolviert. Die kreativen Bediensteten des Wagenwerks stellten diesen Schlüssel her und die Batterien meines Wagens konnten an die Stromversorgung angeschlossen und geladen werden. Mein Liegewagen hatte wieder Strom.

Endlich konnte ich essen gehen. Der Leipziger Hauptbahnhof hatte im Bahnhofsrestaurant den „Grünen Salon“. Für die DDR ein Restaurant mit gehobenem Standard und wirklich sehr guten Speisen, nicht nur auf der Karte. Hier verkehrten neben sowjetischen Generälen auch ausländische Diplomaten und Leute, die Geschäfte in der DDR tätigten. Und hier konnte ich mit Westwährung zahlen, für mich ein Vorteil, weil ich vom Zwangsumtausch befreit war. Nur an diesem Tag war kein Platz im „Grünen Salon“ frei. Also musste ich meinen Hun-

Der Dresdener Hauptbahnhof 1990.

ger woanders stillen. Gegenüber vom Bahnhof gab es das „Haus des Meeres", ein Fischrestaurant. Nach Betreten dieser volkseigenen Fischbratküche stellte ich fest, dass die Hälfte der Tische nicht besetzt war. Welch ein Glück. Nach näherer Betrachtung bemerkte ich, dass auf allen freien Tischen Kärtchen standen mit der Aufschrift: „Besetzt" oder „An diesem Tisch wird nicht bedient". Ich setzte mich an einen dieser freien Tische, beobachtete die anderen Gäste, die fast alle ein Stück Kochfisch, garniert mit Erbsen und Möhren, bestimmt hieß das „Leipziger Allerlei", verzehrten, steckte das Kärtchen in meine Jackentasche und versuchte mich bei einem der Kellner bemerkbar zu machen. Nach einer gefühlt sehr langen Zeit bequemte sich ein Kellner zu

Im Inneren der Bahnhofshalle des Dresdener Hauptbahnhofs.

mir und meinte, an diesem Tisch wird nicht bedient und die anderen Plätze währen eben nicht frei, auch wenn dort keiner sitzen würde. Und ich solle das eingesteckte Kärtchen wieder auf den Tisch stellen. Das ich nicht achtkantig rausgeschmissen wurde, grenzte an ein Wunder.

Die nächste Station war dann ein HO-Supermarkt. Ich schnappte mir ein Einkaufskörbchen, füllte ihn mit essbaren Sachen und bewegte mich zur Kasse. Hier reichte ich der Kassiererin verdeckt einen 10-DM-Schein, um zu bezahlen. Auf Jahrmärkten in Ostberlin funktionierte diese Art der Bezahlung immer, nur hier nicht. Die Kassiererin nahm dem 10-DM-Schein, hielt ihn demonstrativ hoch und schrie, dass ich mit diesem Geld hier nicht bezahlen könnte. Und schon war ein Herr bei mir, wahrscheinlich der HO-Supermarktleiter und meinte, er würde jetzt mit mir durch den Laden gehen und wir würden gemeinsam alles aus meinem Einkaufskörbchen wieder an seinen Platz stellen. Mit knurrendem Magen ging ich danach wieder in den Bahnhof, mein Liegewagen stand schon am Abfahrtsgleis und jeden Moment sollten meine Gäste aus Polen eintreffen.

Zum Einsteigen in Leipzig gab es noch Licht in meinem Wagen, aber als alle auf ihren Liegen lagen, machte ich sofort die Beleuchtung aus. An der Grenze in Oebisfelde kamen wir mit einem dunklen Liegewagen an. Die Grenzer stiegen ein und meinten, ich hätte jetzt ein Problem wegen der Dunkelheit im Wagen. Aber da die Batterie kaum Strom abgeben hatte, konnte ich beruhigt die Wagenbeleuchtung einschalten und es wurde Licht. Die Passkontrolle und Durchsuchung des Wagens konnten jetzt beginnen. In Hannover ging die Sonne auf und ich brauchte kein Licht mehr im Wagen. Im Mängelbuch trug ich ein, dass der Generator defekt sei.

Im Winter 1979/80 betreute ich einen Sonderwagen der Hummel-Reise von Aachen nach Krakau. Dieser Wagen fuhr vor Weihnachten über Nacht mit Gästen von Aachen nach Krakau, blieb die nächste Nacht in Krakau und fuhr dann als Leerwagen in der nächsten Nacht wieder zurück nach Aachen. Nach Neujahr wurde dieser Wagen als Leerwagen nach Krakau überführt und dann für die Rückfahrt mit Fahrgästen von Krakau nach Aachen eingesetzt. In dem Wagen nach Krakau waren fast ausschließlich Reisebüroinhaber, die zu dieser Zeit günstig in Zakopane in den polnischen Karpaten Ski-Urlaub machen konnten. Die Liftgebühren betrugen damals nur wenige polnische Zlotys.

Nach der Wende fuhren vor Weihnachten 1989 meine Frau und ich wie jedes Jahr mit dem Zug nach Österreich zu ihren Eltern. Nur dieses Mal sind wir über Leipzig, Dresden, Prag nach Wien gefahren. Ich wollte einmal ohne Grenzkontrolle durch Oebisfelde fahren. Den „Grünen Salon" im Leipziger Hauptbahnhof gab es noch, auch das Restaurant „Haus des Meeres". Der Fisch wurde immer noch mit Leipziger Allerlei angeboten, nur die Erbsen und Möhren waren jetzt aus der Tiefkühlung von Iglo oder Bofrost. Dann an der Grenze nach Österreich, zeitlich eigentlich nicht so weit entfernt vom Wiener Franz-Josefs-Bahnhof, meinte der österreichische Passbeamte, nachdem er unsere Pässe kontrollierte: „Na, dürft ihr jetzt endlich auch mal raus".

Empfangsgebäude mit Bahnhofshalle des Dresdner Hauptbahnhofs.

Kapitel 9

Zu den Piraten in der Adria

Piraten gab es schon lange nicht mehr im Mittelmeer, aber einige Reiseveranstalter ließen das Piratentum für Touristen wieder existieren. Nicht, dass gecharterte Piratenboote Kreuzfahrtschiffe kaperten, nein, es konnte eine Kreuzfahrt auf Segelschiffen mit Piratencharakter gebucht werden. Da die Ausstattung auf diesen Schiffen sehr einfach war, wurden für diese Reisen hauptsächlich junge Erwachsene angesprochen. Twen Tours machte es möglich. Diese Piratenschiffe lagen im Hafen von Rijeka und wir brachten unsere Gäste dorthin.

Aber nicht nur angehende Freizeitpiraten fuhren mit uns an die jugoslawische Adria, auch Kurgäste nach Opatija und mit dem Kurswagen nach Koper die Strandurlauber für die Küste Istriens von Portorož bis Pula. Da der Zug mit drei Wagen nach Rijeka und zwei Wagen nach Koper nicht lang genug war, bestand die andere Hälfte des Sonderzuges aus Wagen nach Ancona an der italienischen Adria. Der Speisewagen fuhr ebenfalls nach Ancona, da in Jugoslawien die JZ, Jugoslovenske Železnice, die jugoslawische Eisenbahn, ihren eigenen Speisewagen immer von Jesenice bis Rijeka und zurück eingesetzt hatte.

Abends nach 22:00 Uhr, der offiziellen Nachtruhe im Sonderzug, saßen wir Reiseleiter wie so oft im Speisewagen auf den Plätzen 1 und 2, einem Zweiertisch direkt am Office. Der Speisewagen war gerammelt voll mit Gästen, die noch zu dieser späten Zeit zu Abend aßen. Wie immer, Rindsroulade oder Hühnerfrikassee. Wir hatten keinen Speisewagen wie sonst, mit der Alpen-See-Express-Beschriftung, sondern einen Speisewagen, welcher sonst meistens in Eurocity-Zügen eingesetzt wurde. Und dieser Speisewagen hatte einen Bunker für Getränke unter dem Wagenboden mit Klappe auf dem Boden vor dem Office. Unser Oberkellner hatte einen Salatkopf auf dem Tresen vom Office deponiert und bevor er das Essen in Empfang nach, um zu servieren, riss er ein Salatblatt ab, öffnete die Bunkerklappe und schmiss das Salatblatt in den Bunker. Er hatte die Aufmerksamkeit des gesamten Speisewagens, bis sich einer der Gäste traute zu fragen, warum er immer ein Salatblatt in den Bunker schmeißen würde. Die Antwort war kurz und knapp: „Da unten sind Schildkröten drin und auf der Rückfahrt gibt es hier Schildkrötensuppe“. Wir vermuteten, dass viele der Gäste das wirklich glaubten.

Mein Kollege nach Ancona, Rudi Schulte, ein festangestellter Zugreiseleiter, liebte diese Strecke an die italienische Adria, egal ob nach Pesaro oder nach Ancona. Er freute sich, wenn die italienischen Zugführer

TUI-Treffwagen nach Pesaro. Züge nach Rijeka und Kopen fuhren fast immer zusammen bis Rosenheim.

ihn „capo comitiva“, also Chef der Reisegruppe, nannten. Auch erzählte er an diesem Abend, wie er auf der Strecke nach Ancona am Samstag dem 2. August 1980 – eine Stunde vor dem Anschlag auf den Hauptbahnhof von Bologna – diesen mit seinem Sonderzug verlassen hatte. Glück gehabt. Bei dem Anschlag, der von italienischen Neofaschisten begangen wurde, starben 85 Menschen, mehr als 200 wurden verletzt. Als ich, Jahre später, einen Sonderzug nach Pesaro leitete, wurde dieser an einem 1. Mai auf der Strecke vor Bologna von Eisenbahnern angehalten. Die Eisenbahner kletterten auf unseren Zug und schmückten ihn mit roten Fahnen. So fuhren wir in den Bahnhof von Bologna ein. Ansonsten fuhr in Bologna auf dem Bahnsteig ein Händler an den Zügen mit der besten Lasagne vorbei, die in kleinen Pappschälchen verkauft wurde. Wenn ich mit Rudi zusammen als 2. Reiseleiter auf dieser Strecke zusammen war, bin ich meistens in Ravenna ausgestiegen, nicht nur wegen der bekannten Mosaiken und dem Mausoleum von Theoderich dem Ostgoten, sondern auch um mehr Aufenthalt zu haben, denn in Ancona betrug die Wendezeit nur 2 Stunden. Dieses Mal, so erzählte Rudi, hätten die Betreuer und er ausgemacht, in Ancona im Speisewagen zu essen. Alle würden einkaufen gehen und es gäbe Spaghetti Bolognese.

Mein Zugteil, fuhr ab Rosenheim, zusammen mit den Wagen aus Hamburg, weiter Richtung Balkan. In den frühen Morgenstunden Ankunft in Jesenice, der ersten jugoslawischen Station. Der Speisewagen wurde angekoppelt. Da viele Reisende einen Gutschein für Frühstück auf der Hinfahrt und Abendessen auf der Rückfahrt hatten, liefen die Kellner durch den Zug und verteilten Platzkarten für die Essensserien, damit ein Chaos im Speisewagen vermieden wurde.

Die ersten Gäste verließen uns im Bahnhof Lesce-Bled, unweit hinter Jesenice, um Urlaub in Bled am Bleder See am Fuße der Julischen Alpen, hauptsächlich zum Baden und Wandern, zu machen. Bled, mit seinen Gründerzeithäusern im alpinen Stil, war nicht nur für Touristen ein beliebtes Ziel, hier hatte auch Josip Broz Tito eine Villa und residierte dort als Staatschef, womit er die Tradition des jugoslawischen Königshauses fortsetzte.

Unser Zug fuhr weiter bis nach Ljubljana. Hier wechselte der Zug die Fahrtrichtung und es ging eingleisig weiter bis Postojna. Während dieser Fahrt war Zeit für uns, um im Speisewagen zu frühstücken. Wir bekamen natürlich ein besonderes Frühstück, Rührei mit Schinken und Paprika, dazu einen Mokka, verlängert mit Sliwowitz. Ganz uneigennützig war dieser besondere Service allerdings nicht. Wir Reiseleiter mussten schließlich auf der Rückfahrt eine Beurteilung über den Speisewagenservice schreiben.

In Postojna, der Ort ist bekannt vor allem wegen seiner 20 Kilometer langen Tropfsteinhöhle Postojnska jama, stiegen nur wenige Gäste aus, nicht um die Höhlen zu besichtigen, sondern den Urlaub in Lipica, nahe der Grenze zu Italien, mit dem Gestüt Lipica, dem Ursprung der Lipizzanerpferde, zu verbringen. Grund für einen Urlaub dort waren bestimmt die in einer Koppel freilaufenden Lipizzaner. Schließlich werden u. a. in der kaiserlich-königlichen Spanischen Hofreitschule in Wien, ausschließlich Lipizzaner ausgebildet. Für uns war Postojna deshalb ein wichtiger Bahnhof, weil hier die Kurswagen nach Koper abgekoppelt wurden. Mein Hamburger Reiseleiterkollege musste den Zug weiter nach Koper betreuen und bekam deshalb von mir ein großes Paket Waschpulver für den örtlichen Reiseleiter der Ameropa mit. Der besaß nämlich eine Pension in Portorož und er fand es unzumutbar, die Bettwäsche seiner Gäste mit jugoslawischem Waschmittel zu waschen. So brachten wir Woche für Woche Waschmittel nach Koper, wurden dafür fast immer zum Essen in Portorož eingeladen oder bekamen jugoslawische Spezialitäten. Der Zug nach Koper fuhr noch bis Pivka in Richtung Rijeka und dann führte die Strecke in atemberaubenden Serpentinen hinunter zur Hafenstadt Koper.

Unser nächster Halt für die Wagen nach Rijeka war nach Pivka die Station Opatija Matulji. Hier stiegen unsere Gäste für den Kurort Opatija, mit seinem Flair aus der Donaumonarchie gepaart mit venezianischem Flair. Opatija wurde zwischen 1422 und 1431 von Benediktinermönchen gegründet und hatte den lustigen Namen Abbazia San Giacomo al palo (Abtei Sankt Jakob am Stöckchen). Entscheidenden Anteil an dem Aufschwung des Kurortes hatte die österreichische Südbahngesellschaft, die 1873 die Strecke Pivka–Rijeka eröffnete, die nahe Opatija vorbeiführte, also durch Matulji.

Ankunft am frühen Mittag in Rijeka. Hier verließen uns unsere Urlaubspiraten und wurden zum Hafen in der Nähe des Bahnhofs zu den Schiffen gebracht. Wir gingen in die „Goldene Muschel“, ein Fischrestaurant in der Altstadt von Rijeka. Das Besondere an diesem Restaurant war, dass auf einer Seite die Küche mit einigen Gasträumen lag, sich aber die meisten Restaurantplätze in einem Gebäude auf der anderen

Ein Piratenboot an der jugoslawischen Küste.

Straßenseite befanden. So flitzten die Kellner mit silbernen Tabletts oft zwischen hupenden Autos von einer Seite des Lokals zur anderen. Nach dem Essen ging es dann zu einem Konzum, einen Supermarkt auf jugoslawisch. Hier musste gekauft werden, was es zu Hause nicht gab. Zunächst Istra-Bitter, eine günstige Alternative zu Campari aus Italien, Kruskovac, ein süßer Birnenlikör; beliebt war auch Vegeta, eine

Jugoslawisches Bierlokal.

raffinierte Würzmischung, also Maggi in Pulverform. Ansonsten hatte Rijeka nicht viel zu bieten. Unsere rückkehrenden Urlaubspiraten waren rechtzeitig am Zug. Auf unsere Fragen, wie viele Schiffe sie gekapert hätten, meinten sie, so schlimm wäre es nicht gewesen, aber sie hätten mächtig Spaß gehabt. Also ein gelungener Urlaub.

In Postojna warteten schon die Wagen aus Koper auf uns. Mein Hamburger Kollege überreichte mir zwei Flaschen Sliwowitz als Dank für das Waschpulver vom örtlichen Reiseleiter in Koper. Im jugoslawischen Speisewagen war wieder der Bär los. Es gab, wie eigentlich immer, Cevapcici mit Djuvec-Reis. Wir aßen auch wie immer, ziemlich zum Schluss vor Jesenice, denn es musste ja noch eine Beurteilung über den Speisewagenservice abgegeben werden.

Am anderen Morgen war der Zug wieder in der gleichen Formation, wie er vor zwei Tagen Dortmund verlassen hatte. Ich saß mit meinem Kollegen wieder im deutschen Speisewagen und fragte, wie ihr Spaghetti Bolognese in Ancona denn geschmeckt hätte. Spaghetti Bolognese wäre in Ordnung gewesen, nur ein Betreuer hätte anstatt Parmesan Paniermehl gekauft. Es hätte ziemlich geknirscht beim Kauen.

Kapitel 10

Nicht zur Winterolympiade

D Jug 20224

Dortmund - Sarajevo

Schon im Herbst, bei Saisonende mit den Turnuszügen der Reisebüros, hatten wir uns um die Gastarbeiterfahrt vor Weihnachten nach Jugoslawien beworben. Da die Züge nicht bewirtschaftet wurden, war es für uns einmal interessant, hier eingesetzt zu werden. Die Bewirtschaftung übernahmen wir. Skopje kam nicht in Frage. Mit diesem Zug fuhren hauptsächlich muslimische Gastarbeiter nach Hause. Uninteressant, denn in diesem Zug konnte kaum Bier und Schnaps verkauft werden. Nur Sarajevo oder Split kamen in Frage. Wir wussten, in Zügen nach Sarajevo und Split würde traditionell viel getrunken. Und wir waren vorbereitet. Denn im Sommer hatten wir uns schon auf Reisen mit dem Alpen-See-Express nach Rijeka und Koper mit echtem jugoslawischem Sliwowitz für diesen Einsatz eingedeckt. Wir bekamen den Zug am 18. Dezember nach Sarajevo. Am 23. Dezember sollten wir wieder zurück sein. Wir, das waren mein Kollege Manfred und ich. Und wir würden die 10 Liegewagen im Zug nach Sarajevo alleine betreuen; und auch bewirtschaften.

Es mussten Vorbereitungen für diesen Einsatz getroffen werden. Zunächst kauften wir palettenweise Bier, Cola, Limonade und Mineralwasser in Dosen. Wobei der Bieranteil am größten sein musste. Dann

Plastikbecher, Pulverkaffee, Dosenmilch und Zucker. Große Thermoskannen mit einem Fassungsvermögen von ca. 35 Tassen Kaffee hatten wir, auch einen Campinggaskocher und einen Wasserkessel, um heißes Wasser zuzubereiten. Für den Eigenbedarf kauften wir extra Bier, Brot und Konserven. Ein kleiner Kochtopf und eine kleine Pfanne mussten mit. Was auf keinen Fall vergessen werden durfte, ein Heizaufsatz für den Gascampingkocher. Wir wussten nicht, ob der Zug während der Rückfahrt nach Dortmund als Leerzug beheizt wird. Manfred nahm auch seine Moonboots mit, wofür, wollte er mir erst später sagen.

Am 18. Dezember waren wir morgens drei Stunden vor Abfahrt des Zuges in der Außenstelle in Dortmund. Schlüssel für die einzelnen Dienstabteile der Liegewagen brauchten wir nicht, als langjährige Mitarbeiter hatten wir einen Hauptschlüssel, der auf jedes Dienstabteilschloss passte. Aus den Belegungslisten ging hervor, dass der letzte Wagen nur halb besetzt sein sollte. Platz für eventuelle Doppelbelegungen und ein Abteil für den Zugführer. Zirka 560 Reisende würden mit uns nach Jugoslawien reisen. Nachdem wir die Unterlagen gesichtet hatten, ging es mit der Elektrokarre inklusive Anhängern, bepackt mit der Wäsche und unseren Getränkepaletten, in die Mittelgruppe des Betriebsbahnhofs in Dortmund. Dort stand unser Zug zum Beladen bereit. Die Wäschesäcke, gefüllt mit Laken und Kopfkissenbezügen, kamen in die jeweiligen Dienstabteile, unsere Getränke und unsere anderen Sachen in zwei Dienstabteile in der Mitte des Zuges. In zwei Stunden war so ein Zug von uns aufgerüstet, das heißt, in jedem Abteil kamen auf die oberen Liegen sechs Decken, sechs Laken und sechs bezogene Kopfkissen. In den Kühlschränken der Dienstabteile deponierten wir die Getränke. Auf jeder Plattform zwischen den einzelnen Wagons hingen jetzt von uns Blätter mit einem Pfeil in Richtung unserer Dienstabteile in der Mitte des Zuges mit dem Hinweis „Bar – Bier, Kaffee, Mineralwasser“. Es konnte losgehen.

Vollbepackt stiegen unsere Reisenden, durchweg männliche Gastarbeiter aus Jugoslawien, in Dortmund, Bochum, Essen, Duisburg, Düsseldorf und Köln zu. Wir gingen abwechselnd durch den Zug und erfassten in Listen die Belegung der einzelnen Liegewagen. Denn zum Ende der Fahrt musste ein Reisebericht geschrieben werden, mit der

Titelseite Fahrplan der Sonderzüge für ausländische Arbeitnehmer.

Feststellung, wie viele Reisende im Zug waren. Und schon begannen wir mit dem Getränkeverkauf von unserem Dienstabteil aus. Permanent kochte heißes Wasser für den Pulverkaffee, der reißenden Absatz fand. Zucker stand in Tüten auf dem Kühlschrank im Abteil, mit Selbstbedienung, auch Dosenmilch. Abgepackte Portionsmilch und verpackte Zuckerstückchen wären ein Graus für unsere Gäste gewesen. Es musste eben viel Zucker im Kaffee getrunken werden. Dafür stellten wir drei Teelöffel zur Verfügung, die aber nicht in den Mund genommen werden durften, nur zum Umrühren dienten und im Dienstabteil verbleiben mussten. Unseren Gästen war das recht.

Gegen Abend versammelten sich immer wieder Grüppchen vor un-

Bahnhofsfassade aus Sarajevo 2019.

serem Abteil, orderten Sliwowitz und sangen jugoslawische Volkslieder. Die Stimmung wuchs. Wir bekamen Nachfragen, ob wir mitgebrachte Kettensägen, Staubsauger, Küchengeräte und andere Werkzeugmaschinen und Küchengeräte bei uns verstecken könnten, um diese am jugoslawischen Zoll vorbei unbemerkt in die Volksrepublik Jugoslawien zu schmuggeln. Die Zölle für diese Artikel sollten extrem hoch sein. Wir lehnten ab, denn wir hatten nicht vor, an der Grenze mit Schmuggelware erwischt und verhaftet zu werden. Es war aber möglich, eines der leeren Dienstabteile zu beziehen, denn dort, wo sonst die Decken lagerten, gab es Stauraum, der vielleicht nicht kontrolliert wird. Dieses Angebot wurde reichlich angenommen und uns war dadurch ein groß-

Bahnhofsfassade vom Glavni Kolodvor Zagreb (Hauptbahnhof von Zagreb) 2019.

zügiges Trinkgeld sicher. Mitten in der Nacht Ankunft in Salzburg. Eine Stunde Aufenthalt an der Grenze. Die Lok musste gewechselt werden. Die österreichischen Grenzbeamten wollten in jedem Wagen die eingesammelten Pässe sehen, so wie sie das von anderen Nachtzügen gewohnt waren. Bei uns jedoch Fehlanzeige. Wir waren nur zu zweit und die Passagiere noch alle wach. Ob die Grenzer durch den Zug gingen, um die Pässe zu kontrollieren, konnten wir nicht feststellen. Dafür beflügelten fliegende Händler den Zug und boten Rohkaffee zum Kauf an. Und es schien Bedarf für die nichtgerösteten weißgrünlichen Kaffeebohnen zu geben. Am Morgen Ankunft in Villach-West. Hoher Schnee auf dem Bahnsteig und gegenüber stand ein Gastarbeiterzug aus der Schweiz. Jetzt zog Manfred seine Moonboots an und rief laut „Kaffee" in Richtung des Gastarbeiterzuges aus der Schweiz. Dort gingen viele Abteilfenster auf. Der Wunsch nach Kaffee war groß, denn der Gastarbeiterzug aus der Schweiz wurde nicht bewirtschaftet. Bewaffnet mit zwei Thermoskannen Kaffee und Becher stieg Manfred in den Zug aus der Schweiz. Wir trafen uns in Jesenice, der jugoslawischen Grenzstation auf der anderen Seite des Karawankentunnels wieder. In Jesenice stieg Manfred dann wieder in unseren Zug. Wir waren um 150 Schweizerfranken reicher.

Die jugoslawischen Zollbeamten hatten gut kontrolliert, aber nichts gefunden. Unsere Fahrgäste waren erleichtert. Es ging weiter über Ljubljana nach Zagreb. Hier stiegen die ersten Fahrgäste aus. Von Zagreb ging es langsam eingleisig weiter Richtung Sarajevo. Unsere Getränkevorräte gingen langsam zu Ende. Was nicht im Zug getrunken wurde, wurde gekauft, um mit nach Hause genommen zu werden. Schon vor der Ankunft in Sarajevo waren wir ausverkauft. Wir hätten bei dieser Nachfrage noch mehr verkaufen können. Abends Ankunft in Sarajevo. Da wir nicht wussten, wann unser Zug zurückgeführt würde, Nachfrage beim Fahrdienstleiter. Die Lok für die Rückfahrt sollte in zwei Stunden kommen, und dann ging es zurück Richtung Dortmund. Zeit, um noch Lebensmittel für die Rückfahrt einzukaufen. Da wir bei unseren Getränkeverkäufen auch Dinar eingenommen hatten, erübrigte sich der Geldumtausch.

Die Lok kam nicht nach zwei, sondern erst nach drei Stunden. Egal, wir hatten mit den Rangierern auf dem Bahnsteig Unterhaltung genug. Die Diesellok bis Jesenice wurde angekoppelt, und wir fragten den Lokführer, ob er die Sammelschiene, also das Heizkabel von der Lok, an unsere Waggons anschließen könnte. Fehlanzeige. Bei Leerfahrten grundsätzlich nicht, denn das würde den Spritverbrauch erhöhen. Kurz nach Abfahrt fingen wir mit dem Abrüsten des Zuges an. Decken, Kissen und Laken mussten eingesammelt und im Dienstabteil geordnet verstaut werden. Wir fingen im ersten Waggon an. Der Zug fuhr sehr langsam durch die Nacht. Auf einmal sahen wir in einer Kurve, wie viele Leute aus dem letzten Waggon unseres Zuges sprangen, bepackt mit unseren Liegewagendecken. Als wir mit dem Abrüsten im letzten Waggon ankamen und die Decken zählten, stellten wir fest, dass man

Papierhandtuchbehälter aus der Zeit, als noch alles aus den WCs auf die Gleise ging.

uns um 20 Decken erleichtert hatte. Dafür würden wir zurück in Dortmund eine Verlustmeldung wegen Diebstahl unterschreiben müssen. Da der Zug in Sarajevo nicht gereinigt wurde, machten wir uns aus einem Wagen unser Domizil für die Rückfahrt. Das heißt, der gesamte Müll wurde in den Nachbarwagen geschafft. Die Toilette in unserem Waggon jedoch müssten wir nicht bearbeiten, denn auf der Hinfahrt hatten wir die Toilette neben unserm Dienstabteil abgeschlossen und mit einem Papierhandtuch als „Defekt" deklariert. Jeder von uns bezog ein Abteil für sich als Schlafabteil. Großzügig mit Decken und Laken ausstaffiert. In einem Abteil wurde ein Abteiltisch ausgebaut. Ein Laken diente als Tischtuch.

Es wurde immer kälter. Jetzt kam unsere Gas-Campingkocher-Heizung zum Einsatz. Das Abteil wurde wärmer, musste aber ab und zu gelüftet werden. Zwischendurch wurde der Heizaufsatz mit dem Kochaufsatz getauscht. Es gab Spiegeleier mit Speck während der Nachtfahrt durch das jugoslawische Hochland. Zwischendurch wurde Wasser heiß gemacht und in Thermoskannen abgefüllt. Diesmal nicht für den Pulverkaffee, sondern zum Duschen. Jeder von uns stand abwechselnd eingeseift auf dem Übergang zwischen den Waggons und ließ sich mit dem warmen Wasser übergießen. Denn hier konnte das Wasser auf die Gleise abfließen. Die provisorische Dusche tat vor dem Schlafengehen gut. In Villach-West waren wir wieder wach. Die österreichische E-Lok wurde angekoppelt. Wieder ohne Heizung. Wir hörten erneut das Argument mit dem erhöhten Energieverbrauch. Hoffnung auf Salzburg, wenn die Lok der deutschen Bundesbahn angekoppelt würde. Vor Salzburg waren wir schon im ersten Wagen. Die restliche Fahrt bis Dortmund ohne Heizung wäre nicht so gut, da unsere Gaskartuschen für den Campingkocher bald zur Neige gingen. Der deutsche Lokführer hatte Erbarmen mit uns. Der erste Waggon wurde an die Heizung angeschlossen, wenn das Heizkabel vom ersten Wagen zu den restlichen nicht weitergeführt wird. Wurde gemacht. Stromabnehmer von der Lok runter von der Fahrleitung, Heizkabel weg vom ersten Wagen zu den hinteren und Heizkabel ran an den ersten Wagen. In einem angenehm geheizten Waggon fuhren wir durch die süddeutsche Winterlandschaft, hauptsächlich über Güterzugstrecken. Lokführerwechsel waren meistens auf Güterbahnhöfen, die wir nicht kannten. Von Würzburg ging es über eine für Fernzüge ungewöhnliche Strecke an Gießen vorbei über Siegen und Hagen nach Dortmund direkt in den Betriebsbahnhof. Pünktliche Ankunft am 23. Dezember. Es war eine anstrengende, schöne, aber auch lohnende Tour. Heiligabend zu Hause. Für den 25. Dezember waren wir wieder eingeteilt. Es ging nach Innsbruck. Es waren Weihnachtsferien und die Skisaison hatte begonnen.

Von der Winterolympiade hatten wir nichts mehr mitbekommen. Die war einen Winter davor. Vom Zug sahen wir nur die verlassenen Sprungschanzen und im Bahnhof alte Plakate von Vučko, dem Wölfchen, der immer so laut „Sarajevooooooooooo“ rief.

Kapitel 11

Im Schlafanzug in den Urlaub

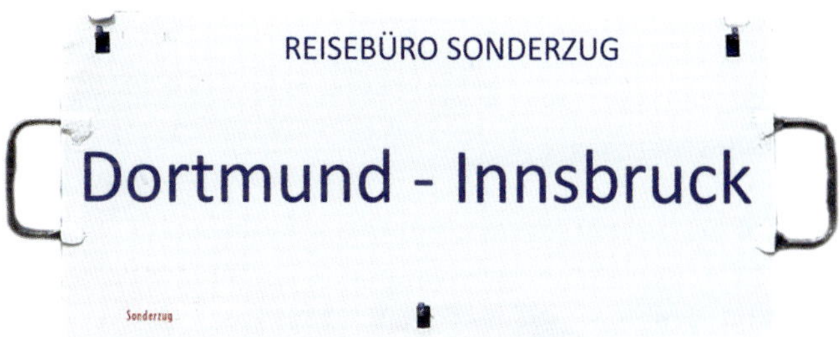

Unser Reisebüro-Sonderzug von Dortmund hatte Kurswagen nach Innsbruck und Landeck, und im Zugteil nach Landeck den Kurswagen nach Schruns. Schruns liegt unterhalb der Silvretta-Hochalpenstraße, die unterhalb vom Piz Buin liegt, dem Namensgeber der berühmten Sonnencreme. Nach Schruns durften im Winter nur Liegewagen mit einer eigenen Ölheizung eingesetzt werden, da dieser Wagen in Bludenz abgekoppelt wurde und bis Schruns an einen Zug der Montafonerbahn angekoppelt wurde, die keinen Heizanschluss für unsere Wagen hatte.

Ich war als Zugreiseleiter im Zugteil nach Innsbruck eingesetzt. Vor Beginn der Nachtruhe um 22:00 Uhr in den Liegewagen wünschten wir unseren Fahrgästen eine Gute Nacht, wiesen darauf hin, dass die Liegewagenbetreuer behilflich beim Aufbau der Liegen seien und dass mit der Nachtruhe nicht mehr in den Abteilen geraucht werden dürfte. Zum Schluss der Durchsage noch der wichtige Hinweis: „Gegen 4:00 Uhr in den Morgenstunden erreicht unser Zug Augsburg. Dort werden die Wagen nach Landeck vom Zug nach Innsbruck abgekoppelt und mit Wagen aus Hamburg kommend zu neuen Zügen nach Innsbruck und Landeck zusammengestellt. Bitte halten Sie sich in dieser Zeit nur in Ihrem Wagen auf. Der Gang zur Toilette über die Plattform in den nächsten Wagen kann in die falsche Richtung führen."

Am anderen Morgen in Rosenheim kam ein älterer Reisender im Schlafanzug zu mir ins Reiseleiterabteil im Zugteil nach Innsbruck und meinte: „Ich kann mein Abteil nicht mehr finden und sitze schon seit einiger Zeit hier im Wagen in einem leeren Abteil." Auf meine Frage, in welchem Wagen er normalerweise einen Platz hätte und was sein Zielbahnhof sei, bekam ich zur Antwort: „Wir haben unseren Urlaub in Nauders am Reschenpass gebucht und sollen mit dem Zug bis Landeck fahren." Während ich dem Gast einen Platz im Reiseleiterabteil anbot, hörte ich über den Bahnhofslautsprecher im Rosenheimer Bahnhof: „Zugreiseleiter D 13017 nach Innsbruck, bitte dringend zum Aufsichtsbeamten." Also raus aus dem Zug zum AB. Der Aufsichtsbeamte gab mir den Hörer seines Telefons mit dem Hinweis, es wäre ein wichtiger Anruf für mich in der Leitung. Es war mein Kollege aus dem Zugteil nach Landeck mit den Worten: „Bei mir im Zug sucht eine Frau ihren Mann. Er soll in der Nacht zur Toilette gegangen und danach nicht mehr zurückgekommen sein." Ich konnte ihn beruhigen. Der Vermisste sei bei mir. Das Problem wäre aber, er hat nichts zum Anziehen außer seinen Schlafanzug.

Wir fuhren weiter bis zur Grenzstation Kufstein. Hier schilderte ich dem Zugführer der ÖBB (Österreichische Bundesbahn) mein Problem. Kein Problem, meinte der Zugführer. Wir haben in Innsbruck eine Kleiderkammer und dort könne er eine ausrangierte Eisenbahneruniform bekommen. In Innsbruck wurde mein Gast neu eingekleidet. Die Uniform war ein bisschen zu groß, aber das war besser, als mit Schlafanzug bekleidet im Zug zu sitzen. Jetzt hatte ich aber ein weiteres Problem. Meine Frage an den ÖBB-Zugführer, der so vortrefflich geholfen hatte: „Wie komme ich an eine Fahrkarte von Innsbruck nach Landeck für unseren verirrten Fahrgast?" Die passende Antwort: „So wie der aussieht, wird er in keinem Zug in Österreich kontrolliert."

Im Sonderzug nach der Nachtstrecke.

Kapitel 12

In der Bar von Louisella

In der Vor- und Nachsaison wurden Kurswagen an die Riviera eingesetzt, in denen hauptsächlich Schiffsgäste für Kreuzfahrten ins westliche Mittelmeer nach und von Genua betreut wurden. Es fuhren Kurswagen von Dortmund und vom Frankfurter Hauptbahnhof.

Die Überführung der Kurswagen ab Frankfurt erfolgte von Dortmund aus mit einem Eilzug, der an jeder Milchkanne zwischen Bonn und Mainz hielt. Es waren die einzigen Liegenwagen in diesem Eilzug und eigentlich für den öffentlichen Reiseverkehr nicht zugelassen. Eigentlich eine langweilige Überführung, aber nicht für uns. Diesen Zug benutzten viele Kegelvereine, um das schöne Mittelrheintal unsicher zu machen, da er in Boppard, Oberwesel, St. Goar und Bingen hielt. Diese Kegelvereine konnten sich bei uns, da unsere Liegewagen ja von uns bewirtschaftet wurden, Mut für ihren Aufenthalt am Rhein antrinken. Dafür bauten wir gerne in den Abteilen die Abteiltische auf.

Die Kurswagen direkt von Dortmund fuhren im D 205/204 zunächst bis zum Oberhausener Hauptbahnhof, um dort mit dem Zug aus Amsterdam nach Ventimiglia vereinigt zu werden. Die Rangierarbeiten nahmen eine nicht unerhebliche Zeit in Anspruch, man traf sich in der Tunnelschänke mit dem niederländischen Schlafwagenschaffner der Wagon-Lit, der internationalen Schlafwagengesellschaft.

Bis zum Badischen Bahnhof in Basel hatten wir alle Gäste zusammen, die Kurswagen aus Frankfurt und Dortmund fuhren zusammen durch die Schweiz, in der Vorsaison durch den Gotthardtunnel bis Chiasso und in der Sommersaison durch den Simplontunnel bis Domodossola, beides die Grenzbahnhöfe nach Italien. Und wenn es auf der Gotthardstrecke einen Erdrutsch gab, was auch schon mal vorkam, dann ging es durch den Simplon. Für Bundesbahnangehörige mit einem Auslandsfahrschein für die Schweizer Bundesbahnen (SBB) war das immer ein Problem, denn sie mussten für die Strecke von Bern bis

Früherer TEE der SBB als Eurocity auf dem Weg nach Mailand.

Domodossola nachlösen und bezahlen. Diese Strecke gehört der Bern-Lötschberg-Simplon-Bahn (BLS), und die BLS arbeitet zwar mit der SBB zusammen, fahrkartenmäßig oft, aber nicht für alle.

In manchen Monaten war die Strecke von Domodossola bis zum Mailänder Hauptbahnhof, Milano Centrale, die gefährlichste Bahnstrecke Italiens. Diebesbanden zogen durch den Zug und hatten es auf Geld und Wertsachen der schlafenden Reisenden abgesehen. Diese Gangster bedrohten oft massiv das Bahnpersonal im Zug, besonders die Schlafwagenschaffner, weil sie meinten, Reisen im Schlafwagen ist teuer und wer sich das leistet, hat auch viel Geld dabei. Reisende, die am Morgen ihre Geldbörse vermissten, konnten diese meistens in den

Der Mailänder Hauptbahnhof.

Abfallbehältern an den Außentüren des Waggons wiederfinden. Natürlich leer. In diesen Zeiten bekam jeder von uns für seinen Liegewagen für jede Abteiltür eine Kette mit Karabinerhaken mit. Damit konnten die Reisenden sich im Abteil von innen sichern, indem die Kette durch den Griff der Abteiltür und um die Auflagerung der heruntergeklappten mittleren Liege gezogen und mit dem Karabinerhaken geschlossen wurde. Einmal hatte ich eine Schülergruppe auf Klassenfahrt im Wagen. Ihrem Lehrer war die Problematik der Strecke bis Mailand bekannt. Er schleifte eine lange Kette von außen an den Abteiltüren seiner Schüler bis zu seinem Abteil fest, so dass diese nicht ihr Abteil verlassen konnten.

Stellwerk im Hauptbahnhof von Mailand (Foto von Peter Konrad).

Auch eine Vorsichtsmaßnahme, um seine Schüler vor Diebstahl zu schützen. Als ich das Wort Freiheitsberaubung ihm gegenüber erwähnte, meinte er nur, er wolle hier keinen Konflikt zwischen Räubern und Schülern haben und dieses Wort dürften seine Schüler überhaupt nicht hören, denn einige hätten durch ihre Eltern, die Anwälte oder Richter wären, eine gewisse juristische Grundkenntnis.

Morgens Ankunft in Genua. Unsere Schiffsgäste, die vorher ein Frühstück von uns im Abteil, mit Abteiltisch, mehreren Brotsorten, Wurst- und Käsesorten bekommen hatten, verließen uns und wir frühstückten mit Campari-Soda an dem Kiosk auf dem Bahnsteig. Kaffee hatten wir schon vorher im Zug.

Der Bahnhof Genova.

Oft fuhren unsere Kurswagen nur bis Genua und wurden direkt im Bahnhof Genova Piazza Principe, einem der beiden Hauptbahnhöfe Genuas, abgestellt. Der zweite Hauptbahnhof der ligurischen Hauptstadt ist der Bahnhof Genova Brignole, für Züge Richtung Pisa und weiter nach Rom. Genova Piazza Principe war für uns der interessantere Bahnhof für einen Aufenthalt. Vom Bahnhof gingen wir die Straße hinunter und erreichten die Via di Pré, eine kilometerlange sehr enge Fußgängerzone parallel zur Autostrada, die am Hafen vorbeiführt. In der Via di Pré spielte sich das Leben in Genua ab. Kleine Lokale und Bars, Geschäfte, Prostituierte vor ihren Wohnungen, Hütchenspieler und natürlich unzählige Schwarzhändler. Hier gab es eine Rolex für

Der Bahnhof Genova.

10.000 Lire, umgerechnet ca. 10 DM, natürlich mit Uhrwerk aus der Schweiz. Natürlich mit Garantie, man musste nur den Händler wieder auffinden, was eigentlich unmöglich war. Wer jetzt keine unechten Diamanten an seiner Uhr gut fand, konnte auch zu weniger auffälligen Uhren greifen – wie wäre es mit einer Tissot oder Cartier. Auch für 10.000 Lire. D-Mark und Schweizer Franken wurden auch genommen. Ein Kollege war nebenbei Tennislehrer und versorgte aus der Via di Pré seine Kundschaft mit Tenniskleidung, die mit dem grünen Krokodil, garantiert in einem asiatischen Hinterzimmer ohne Wissen des Markeneigentümers hergestellt.

Unsere Fahrt ging weiter über Savona, Finale Ligure, Albenga, Alas-

TUI-Betreuer mit den örtlichen Reiseleiterinnen vor seinem Wagen (Abb. von Peter Konrad).

sio, mit Halt in Imperia. In der Hauptsaison hatten wir immer einen ganzen Sonderzug von Dortmund und Hamburg nach Imperia P.M., mit Kurswagen nach Pisa, für Reisende nicht nur zum Schiefen Turm, sondern auch zu den schönen Küstenorten im Cinque Terre zwischen Genua und La Spezia. Imperia hatte zwei Bahnhöfe, zuerst Imperia Oneglia, direkt an einem schmutzigen Stahlwerk gelegen, und Imperia Porto Maurizio, wo unser Sonderzug endete und abgestellt wurde. Bevor wir zu dem kleinen Strand unten im Ort gingen, kochte meistens der Inhaber der Bar auf dem Bahnsteig für uns. Ruhe hatte man am Strand in Imperia eigentlich nie. Denn hinter dem Strand befand sich ein Kinderspielplatz. Nicht wie bei uns mit Schaukel und Rutschbahn. Hier gab es Feuerwehrautos, Raketen, Rennpferde und was man sonst in Deutschland vereinzelt vor Kaufhaustüren vorfinden konnte. Mit

Mit Peter Konrad, Ludger Fischer und Louisella in Ventimiglia.

einem 100-Lire-Stück setzten sich diese Teile nicht nur in Bewegung, sondern machten dabei auch noch einen Höllenlärm.

Von Imperia fuhren die Kurswagen weiter über Sanremo zur Endstation Ventimiglia, der Grenzstation zu Frankreich. Vom Bahnhof in Ventimiglia gingen wir immer fast ohne Ausnahme sofort zur Bar von Louisella. Louisella, eine damals 15-jährige junge Frau bediente uns, während ihre Oma am Eingang der Bar hinter der Kasse residierte. Wir waren gern gesehene Gäste, besonders weil mein Freund Ludger vom Nachbarwagen, Germanistik-Student mit exzellenten Französischkenntnissen, den französischen Gästen der Bar, die verstaubtesten Flaschen aus den hinteren Regalen empfahl. Alkoholische Getränke kaufte man damals in Italien wesentlich günstiger als zum Beispiel in Frankreich. Als wir ein Jahr später zum Campari und Kaffee in die Bar von

Mit Peter Konrad und Ludger Fischer in Ventimiglia.

Louisella kamen, bediente uns die Oma. Wir fragten, wo denn Louisella wäre. „Louisella hat jetzt einen Freund", war die Antwort.

Rückfahrt dann am frühen Nachmittag. Kurz hinter Ventimiglia lief meine Thermoskanne im Dienstabteil über und eine Wasserpfütze breitete sich auf dem Boden aus. Also wischte ich mit einem grünen Kopfkissenbezug den Boden und klemmte den nassen Kopfkissenbezug nach außen am Dienstabteilfenster zum Trocknen. An den nachfolgenden Stationen hielt unser Zug immer ungewöhnlich kurz und ich sah den Zugführer rennend in unseren Zug springen. Dann kam der Zugführer wutentbrannt in mein Dienstabteil, riss den nassen Kopfkissenbezug vom Abteilfenster und zeigte mir gestikulierend seine grüne Fahne, die er Richtung Lokführer hochhält, wenn der Zug abfahrbereit ist. Bis jetzt hatte der Lokführer nur meinen grünen Kopfkissenbezug als Abfahrtsignal gesehen. Wir waren dafür früher in Genua.

Längerer Aufenthalt in Genova P.P., unsere Schiffsgäste standen auf dem Bahnsteig, ohne Gepäck. Keiner wollte einsteigen, bevor das Gepäck da wäre. Was unsere Gäste nicht wussten, aber wir, war, dass das Gepäck erst kurz vor Abfahrt vom Hafen zum Bahnsteig gebracht wurde, damit ja nichts gestohlen wurde. Also gingen wir in die Bahnhofsbar und beobachtete, wann das Gepäck geliefert wurde. Dann fuhren wir mit den Gepäckkarren als Retter der Gepäckstücke zum Bahnsteig.

Pünktliche Abfahrt in Genua und pünktliche Ankunft in Milano-Centrale. Dafür fuhren wir mit einer heftigen Verspätung in Mailand ab. Wir warteten auf die Carabinieri, die mitfahren sollten, als Abschreckung für die Diebesbanden zwischen Mailand und Domodossola. Die Abschreckung wirkte, nichts wurde gestohlen, dafür war der schweizerische Zugführer wegen der Verspätung, wie immer, in Domodossola verärgert. Diese Verspätung wurde, wie immer, bis Basel aufgeholt. Pünktliche Ankunft in den Ausstiegsbahnhöfen von Mainz bis Dortmund mit zufriedenen Reisenden, denen auch diesmal kein Gepäckstück abhandengekommen war.

Kapitel 13

Zur Orangenblüte nach Sizilien

Wolfsburg Agrigento

Mitte Dezember – Weihnachten stand vor der Tür. Der Urlaubsverkehr in die Skigebiete fing erst am Ersten Weihnachtsfeiertag an, aber vorher gab es ja die zusätzlichen Züge für ausländische Arbeitnehmer, die begehrten Gastarbeiterzüge. Wir waren zu viert für den Sonderzug nach Sizilien eingeteilt. Ich hatte eine sogenannte Reiseleiterfunktion, das hieß, ich musste den Reisebericht schreiben und war ansonsten verantwortlich für diesen Zug. Der Zug steht schon in Hannover im Abstellbahnhof, hieß es, Decken, Kissen und Laken sind drauf und er wird am späten Abend dann zur Abfahrt nach Wolfsburg überführt. Zum Glück war es erst mittags. Wir fuhren mit dem nächsten D-Zug nach Hannover. Vom Hauptbahnhof gab es gerade keinen Leerzug in den Abstellbereich, der etwas entfernt liegt. Also mit der Taxe zu unserem Zug. Bevor wir jedoch mit dem Aufrüsten, also mit dem Verteilen der Decken und Kissen begannen, rief ich meinen Bruder von der Telefonzelle vor dem Bahnhof an. Er wohnte in Hannover und hatte ein Auto. Wir brauchten Getränke für uns und zum Verkaufen, auch etwas zu essen für die lange Reise. So pendelten wir mehrmals zwischen Supermarkt und Abstellbahnhof, denn in seinem Ford Fiesta passte nicht viel rein.

Unser Zug nach Sizilien hatte Kurswagen nach Catania, Palermo, Gela und Agrigento. Ich musste nach Agrigento. Einstieg aller unserer Fahrgäste in Wolfsburg. Es waren Frauen und Männer, die bei VW in Wolfsburg arbeiteten, mit ihren Familien und alle kamen aus Sizilien. Auf unsere Frage, warum sie nicht mit dem Auto nach Hause fahren würden, übereinstimmend die Antwort, zu weit, zu gefährlich und schließlich würde ihr Auto, natürlich ein VW und kein Fiat, mit Sicherheit auf Sizilien gestohlen werden.

Mitten in de Nach ging es los und alle Fahrgäste legten sich für die halbe Nachtfahrt in ihre Liegen. Am anderen Morgen stellten wir mit Bestürzung fest, dass sich viele unserer italienischen Fahrgäste, bewaffnet mit Campingkocher und Espressokanne, zum Frühstück ihren eigenen Kaffee brühten. Als wir dann mit unserem Kaffee durch den Zug gingen, mussten wir uns anhören, dass unser Pulverkaffee ja wohl nicht gegen ihren Espresso ankommen würde. Wo sie Recht hatten, hatten sie Recht. Dafür lief das Geschäft mit Bier, Limonade und Wasser. Am Abend Ankunft in Rom. Unser Zug fuhr nicht über Roma Termini, den römischen Hauptbahnhof – ein Sackbahnhof –, sondern wir hielten in Roma Tiburtina. Der Bahnhof liegt in einem Viertel, das nicht zu den bevorzugten Wohngegenden in Rom gehörte. Wir wussten, dass von unseren früher hier abgestellten Kurswagen wirklich öfters alles gestohlen wurde und Liegewagenbetreuer und Schlafwagenschaffner in Tiburtina manchmal um ihr Leben fürchten mussten. Also erhöhte Wachsamkeit. Von unseren Fahrten mit dem Kurswagen von Stuttgart nach Neapel wussten wir auch, dass hinter Rom das wirkliche Süditalien beginnt. So auch in unserem Sonderzug nach Sizilien. Fliegende Händler rannten nun durch den Zug und boten fast alles an, was für den täglichen Gebrauch wichtig war. Es wurden Ärmel hochgezogen, sichtbar wurden viele Armbanduhren am Unterarm in verschiedenen Marken und Ausführungen. Wir fühlten uns wie in einem Film von Federico Fellini.

Nach der Nachtfahrt Ankunft in Villa San Giovanni am nächsten Morgen. Wieder erfüllte der Kaffeeduft von frisch gebrühtem Espresso unserer Gäste den Zug. Wir stellten unseren Abteilverkauf ein, nachdem wir hörten, dass es auf der Fähre von Villa San Giovanni nach Messina eine Bar gibt, die Kaffee frisch aus der Maschine, sowie Sandwichs, Toast mit Schinken und Käse, Brioche und Paninis verkauft, die Überfahrt eigentlich nicht so lang wäre, aber das Ein- und Ausfahren unserer Liegewagen relativ lange dauern würde. Es gab also genügend Zeit für einen Aufenthalt in der Bar, auch für uns. In der Bar hörten wir die abenteuerlichsten Geschichten über die Straße von Messina, die Sizilien vom Festland trennt und die wir gerade überquerten. Die Straße von Messina soll das Gewässer sein, in denen die meisten Haie im Mittelmeer anzutreffen wären. Dies nicht nur wegen des Mülls, der hier tonnenweise versenkt würde, sondern weil gerade hier die Mafia ihre Gegner mit Beton an den Füßen zum Meeresgrund schickt. Auf unserer Fähre kam es nicht zu Zwischenfällen dieser Art.

Benvenuto in Messina. Unser Kollege mit seinem Kurswagen nach Palermo fuhr nun eigene von uns getrennte Wege, beziehungsweise Gleise. Die Wagen nach Catania, Gela und Agrigento blieben noch bis Catania zusammen. Wir sollten uns alle zusammen am Abend in Reggio di Calabria hinter Villa San Giovanni wieder treffen. Von Taormina bis Catania vorbei am schneebedeckten Ätna, mit seinen 3323 Metern über dem Meeresspiegel der höchste aktive Vulkan Europas. Im März 1981 und im März 1983 war der Vulkan aktiv. Jetzt im Dezember war alles ruhig, nicht einmal Rauchfahnen waren am Gipfel zu entdecken. Draußen 18° C, das im Dezember und überall blühten die Orangenbäume.

In Catania trennten sich unsere Wege. Da es auf Sizilien hauptsächlich nur eingleisige Strecken gibt, sind die Aufenthalte auf Bahnhöfen entsprechend lang, besonders wenn der Gegenzug Verspätung hat.

Gegen Mittag dann Ankunft in Agrigento. Ich hatte ein Telex der Deutschen Bundesbahn an die Ferrovie dello Stato Italiane (FS), der italienischen Staatsbahn, bekommen, dass unsere Liegewagen auf dem schnellsten Wege wieder zurückgeführt werden sollten. Den Bahnhofsvorsteher in Agrigento konnte ich mit diesem Schreiben nicht beeindrucken, so wie ich mir das vorgestellt hatte. In einer Stunde käme ein Zug, allerdings nicht nach Catania, aber an diesen Zug kämen meine Wagen dran. Ich glaube, er wollte seinen Bahnhof von meinen Wagen befreit haben. So hatte ich aber noch genügend Zeit, um im Supermarkt in der Nähe des Bahnhofs Proviant für die Rückfahrt zu kaufen. Allerdings im Supermarkt vor der einzigen Kasse eine meterlange Schlange. Sobald Geld in der Kasse war, kam jemand mit einer Metallkiste und brachte die Einnahmen in Sicherheit. Also fehlte immer das Wechselgeld für den nächsten Kunden. Ich verglich die Preise in meinem Einkaufswagen, rechnete und hatte zum Glück passendes Geld. Nachdem ich mich entsprechend bemerkbar machte, durfte ich nach vorne an allen vorbei zur Supermarktkasse, um zu bezahlen. Alle hofften, jetzt wäre etwas Wechselgeld da und der Mann mit der Blechkiste, um Geld abzuholen, ließe sich etwas mehr Zeit.

Für das Tal der Tempel, italienisch Valle dei Templi, welches südlich der heutigen Innenstadt liegt und zu den bedeutendsten antiken griechischen Ausgrabungsstätten überhaupt zählt, hatte ich keine Zeit. Zu bestaunen wären hier die Überreste der griechischen Stadt Akragas,

Wäscheleine in Palermo.

die um 582 v. Chr. gegründet wurde und sich schnell zum zweitwichtigsten Siedlungsplatz der Griechen auf Sizilien entwickelte. Von dieser ruhmreichen Zeit zeugen schließlich die Ruinen prachtvoller Bauwerke wie das Olympieion, der Dioskurentempel, der Heraklestempel oder der Concordiatempel. Letzterer gilt als einer der besterhaltenen griechischen Tempel überhaupt. Vielleicht ein Grund, später einmal privat nach Agrigento zu reisen.

Nach einer Stunde in Agrigento konnte ich zurückfahren, allerdings nur bis Aragona, denn der Zug, an den meine Wagen angekoppelt wurden, fuhr weiter nach Palermo, also in die falsche Richtung. So stand ich einsam mit meinen Liegewagen im Bahnhof von Aragona. Also wieder zum Bahnhofsvorsteher mit meinem Telex, was Wunder wirken sollte. Der Bahnhofsvorsteher schüttelte nur seinen Kopf und verschwand in seinem Büro an Gleis 1. Ein Mann, der gerade den Bahnsteig fegte, kam zu mir und fragte in akzentfreiem Deutsch, was für Probleme ich hätte. Ich zeigte mein Bundesbahntelex und meinte, ich müsste hier

Trockenfrüchte in Sizilien.

mal wegkommen. Ich fragte ihn, woher er so gut Deutsch könne und eigentlich besser die Stelle des Bahnhofsvorstehers einnehmen könnte, als hier den Bahnsteig zu fegen. Nun, er hätte lange in Heidelberg bei einem Druckmaschinenhersteller gearbeitet, bekäme nun eine akzeptable Rente, wolle seinen Lebensabend nun wirklich nicht im kalten Heidelberg weit weg von seiner Heimat Sizilien verbringen, und damit es ihm nicht langweilig wird, würde er sich bei der FS nebenbei ein paar Lire verdienen. Er würde mit dem Bahnhofsvorsteher sprechen und mir dann erzählen, wie es für mich weitergehen würde. Nach einer halben Stunde kamen meine Wagen an eine kleine Diesellok, ich verließ die älteste Bahnstrecke Siziliens von Palermo nach Agrigento und fuhr nun auf der Bahnstrecke Aragona Caldare–Catania, die gebaut wurde, um die sizilianischen Schwefelbergbaugebiete mit den Hafenstädten Agrigento und Catania zu verbinden. In Catania war nichts von unseren Wagen aus Gela und hier in Catania zu sehen. Ich kam an einen D-Zug nach Reggio, was mir recht war. Also wieder rauf auf die Fähre in Messina und runter in Villa San Giovanni und dann in den Abstellbahnhof von Reggio di Calabria.

Die Wagen aus Gela und Catania waren schon in Reggio di Calabria, die Wagen aus Palermo kamen eine Stunde später. Mein Kollege, aus Palermo kommend, nahm mich zur Seite und meinte, er habe in Palermo Stoff angeboten bekommen und diesen auch günstig gekauft. Ob er jetzt wohl mit dem Ballen Schwierigkeiten an den Grenzen bekommen würde. Ich meinte nur, ob er denn wahnsinnig sei, denn wenn der Stoff im Zug gefunden würde, hätten wir alle ein Problem. Aber es wäre wirklich ein guter Stoff, und eine Maßschneiderei könnte daraus einen wirklich guten Anzug schneidern. Nach dieser Bemerkung war ich beruhigt. Zwei von uns gingen einkaufen für die lange Strecke nach Dortmund, der Rest aufs Stellwerk zum Fahrdienstleiter. Das Telex, in dem stand, dass unsere Wagen noch vor Weihnachten in Dortmund sein müssten, wurde hier zum ersten Mal aufmerksam zur Kenntnis genommen. In einer Stunde käme eine Lok, die uns in die Nähe von Neapel bringen würde und ab da wäre alles bis zum Brenner geregelt. Auch in Kalabrien gab es einen intakten Bahnverkehr. Mit den Rangierern tranken wir noch einen Wiedersehens-Grappa und begaben uns in unseren Zug nach Hause. Wir waren vor Weihnachten in Dortmund.

Kapitel 14

Der gewaschene Betriebsleiter

Der Zug nach Oberstdorf mit Kurswagen nach Pfronten war ein Na-Ta-Zug, also ein Zug, der in der Nacht hinfuhr und am Tage wieder zurück. Was man jedoch am Kleinwalsertal oder Allgäu gut finden könnte, wussten wir nicht, aber all unsere Gäste, die mit uns fuhren, um im Allgäu Urlaub zu machen, die frische Bergluft einzuatmen und die wunderschöne Natur- und Kulturlandschaft mit ihrer schönen Bergwelt zu entdecken. Wir hatten in Oberstdorf nur zwei Stunden Zeit für die Entdeckung des schönen Allgäus, dann ging es wieder zurück in die frische Luft des Ruhrgebietes.

Unser Zug stand in der Mittelgruppe des Betriebsbahnhofs, gesäubert, aber noch nicht fertig zur Abfahrt in den Hauptbahnhof. Mit im Zug unser Betriebsleiter. Er wollte mitfahren und saß Pfeife rauchend in einem Abteil im Reiseleiterwagen. Dann kam der Oberputzer Richard U. zu uns ins Reiseleiterabteil und sagte, der Zug fährt noch durch die Waschanlage, bevor er zum Hauptbahnhof überführt wird. Macht alle Fenster zu. Also machten wir eine Durchsage an die Betreuer des Zuges mit der Anweisung, die Fenster im Zug zu schließen. Der Zug setzte sich in Bewegung. Ich ging zu unserem immer noch Pfeife rauchenden Betriebsleiter, sah das offene Abteilfenster und meinte, auch er solle das Fenster schließen. Und schon ergoss sich eine Wasserfontäne durch das offene Fenster. Schnell sprang er auf, wollte das Fenster schließen, bekam jedoch vom nächsten Waschgang die Bürste der Waschanlage im Gesicht zu spüren. Nun war unser Betriebsleiter völlig durchnässt und seine Pfeife qualmte auch nicht mehr. Er hatte jetzt nicht mehr das Bedürfnis nach Oberstdorf zu fahren, sondern ganz schnell nach Hause.

Die Waschanlage – hier als Fotomontage.

Der Frankfurter Hauptbahnhof 1990.

In unserem Zug war kein Speisewagen, sondern ein Küchenwagen, also ein Liegewagen mit Küchenabteil. Vor dort wurde die Bewirtschaftung des Zuges organisiert. Die Betreuer erhielten hier ihre Getränke für den Abteilverkauf und der DSG-Kellner rannte zur Abendessenszeit mit heißer Bockwurst durch den Zug. Unser DSG-Kellner steigerte seinen Bockwurst-Umsatz, indem er allen Kindern im Gang eine Bockwurst in die Hand drückte und dann bei den Eltern abkassierte. Die zu heiß gebrühten aufgeplatzten Würstchen bekamen wir.

Der erste Kopfbahnhof, also der Bahnhof, in dem unser Zug seine Fahrtrichtung änderte, war Frankfurt am Main Hbf. Die Lok vorne wurde abgekoppelt und eine neue Lok an der anderen Seite angekoppelt.

Der Frankfurter Hauptbahnhof 1990.

Wir fuhren langsam aus dem Bahnhof fast heraus, als es einen Rück gab und der Zug bremste. Die Kaffeebecher auf der Ablage im Reiseleiterabteil kamen uns entgegen. Der Lokführer hatte seine Sicherheitsfahrttaste nicht rechtzeitig gedrückt, war unsere Annahme. Als es dann doch nicht weiter ging, schaute mein Kollege aus dem Fenster und meinte, komisch, am Ende des Zuges am Bahnsteig stehen Krankenwagen mit eingeschaltetem Blaulicht. Wir raus aus dem Zug und schnell nach hinten. Die Lok, die uns bis Frankfurt gebracht hatte und normalerweise hinter uns langsam mit Abstand den Bahnhof verlässt, war hinten in unseren Zug gefahren und hatte die Bremsleitung erwischt. Viele Gäste im letzten Wagen waren aus den Liegen gefallen. Zum Glück war

Der Frankfurter Hauptbahnhof 1990.

keiner schwer verletzt. Die meisten hatten einen Schock bekommen. Der letzte Wagen fuhr nun nicht mehr mit uns nach Oberstdorf, wir bekamen dafür einen Erste-Klasse-Wagen. Unser Küchenwagen war ebenfalls in Mitleidenschaft gezogen worden. Nicht technisch, sondern das Inventar. Der herbeigeeilte Mitarbeiter der DSG-Frankfurt schrieb eine Bescheinigung aus, dass das Inventar abgeschrieben wäre. Keiner wollte sich die Mühe machen, zu zählen, was noch verkauft werden könnte und was nicht mehr in Ordnung wäre. Es gab also Freibier, vor allem für unsere Gäste, die in der Nacht in Frankfurt ihre Liegeplätze gegen die ausziehbaren Erste-Klasse-Sitze tauschen mussten.

Am Morgen dann die ersten Ausstiege in Kempten im Allgäu. Hier wurden auch unsere Kurswagen nach Pfronten-Ried abgekoppelt. Pfronten liegt direkt an der Grenze zu Tirol, aber auch nicht weit von Schloss Neuschwanstein entfernt. Wir jedoch fuhren weiter über Immenstadt, Sonthofen, zunächst bis Fischen. Es gab zwei Bahnhöfe in Deutschland, in denen unsere Gäste mit einer Blaskapelle begrüßt wurden. Zum ersten Ruhpolding, was für die Touropa das erste Ferienziel war und wo seit 1956 auf dem kleinen Bahnhof des oberbayerischen Kurorts schon fünfzigmal im Jahr die Trachtenkapelle spielte, wenn der blaue Reisebüro-Sonderzug einfuhr und mehrere hundert Ferienreisende ausstiegen. Zum zweiten Fischen, wo manchmal auch der Bürgermeister die blasenden Dorfmusikanten dirigierte, wie man uns sagte. Nach der Weiterfahrt Richtung Oberstdorf hörten wir immer noch in der Ferne das Blasorchester hinter uns auf dem Bahnsteig. Ankunft in Oberstdorf. Oberstdorf ist zwar nicht das Ende der Welt, aber das Ende der Bahnstrecke. Von Oberstdorf kommt man ins Kleinwalsertal, was zwar zu Österreich gehört, aber unter normalen Umständen von Österreich aus nicht zu erreichen ist, weil es keine Straße von Österreich dorthin gibt.

Frühstücken in Oberstdorf konnten wir in der Metzgerei gegenüber vom Bahnhof. Um dorthin zu gelangen, mussten wir über eine Kreuzung mit der einzigen Ampel des Ortes. Wir meinten, die Ampel wäre ein Prestigeprojekt, viel Verkehr war hier wirklich nicht. In der Metzgerei aßen wir Leberkäse mit einem Spiegelei überbacken im Stehen. Die erste warme Mahlzeit nach den missratenen Bockwürstchen im Zug. Nach zwei Stunden Aufenthalt dann die Rückfahrt. Die zweite Station hinter Langenwang dann Fischen. Keine Blaskapelle auf dem Bahnsteig. In Fischen wurden unsere Urlauber mit Musik begrüßt, aber nicht verabschiedet.

Hinter Koblenz rechneten unsere Betreuer ihre verkauften Getränke des Abteilverkaufs ab. Ihr Bestand war nicht abgeschrieben worden, wie der des Küchenwagens. Kurz vor dem Erreichen des Ruhrgebietes Lärm im Gang. Was für‘n Krach im Gang, geh doch mal nachsehen, meinte mein Kollege Franz Vogelsang, ein alter Hase als Reiseleiter. Ich berichtete ihm, dass zwei Betreuer die leeren Getränkedosen zertreten und einsammeln würden. Für einen Müllsack voll, mit diesen Aluminiumdosen würden sie 5 DM bekommen. Sie sollten lieber zwei Kaffee schieben, also schwarz verkaufen, meinte er scherzhaft, und wir hätten den Lärm nicht im Gang.

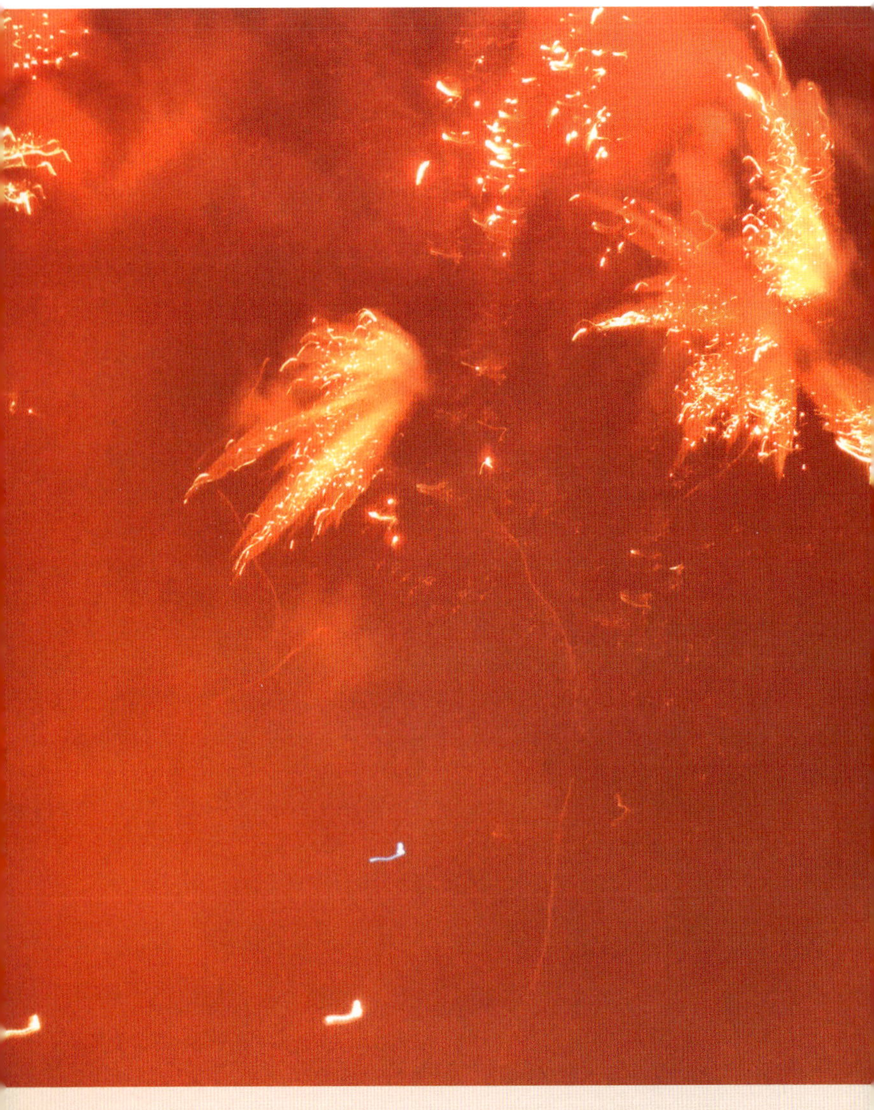

Kapitel 15

Silvester im Kurhotel

Für alle, die Silvester nicht zu Hause oder allein feiern wollten, bot die Ameropa-Reise immer ihre Festtagsreisen an. Dafür suchten sie Reiseleiter, die ihre Gäste begleiteten, um vor Ort als Ansprechpartner für Organisationen, Probleme oder Wünsche da zu sein. Meistens wurden die nicht festangestellten Reiseleiter der Sonderzug-Betriebsgesellschaft in Dortmund angesprochen – und die nahmen dieses Angebot gerne an. So war ich für die Ameropa in Moskau, mit Bolschoi-Theater und der Nussknacker-Aufführung, Moskauer Staatszirkus, und zweimal auf das „Neue Jahr" anstoßen, zur Moskauer Zeit und zwei Stunden später zur Westeuropäischen Zeit. Auch war ich über Silvester in Budapest oder Göteborg, aber meistens in Marienbad. So auch über Silvester 1983/84.

Meine Reise, bzw. mein Dienst begann am 1. Weihnachtsfeiertag in Dortmund um 5:30 Uhr, denn ich hatte 21 Gäste nach Marienbad und Karlsbad im FD 221 von Dortmund bis Nürnberg zu betreuen. Die reservierten Abteile bekamen ein besonderes Reserviert-Schild von mir auf die Abteiltür geklebt, damit sich bloß keine anderen Zugreisenden in diese Abteile trauten. Ankunft war um 12:50 Uhr in Nürnberg. Der Gepäcktransfer vom Bahnsteig zum Bus auf dem Bahnhofsvorplatz war vorbestellt und funktionierte auch. Also zog ich mit meinen Gästen und der Gepäckkarre mit Gepäckträger zum Bus. Musste aber noch einmal zurück in den Bahnhof, um andere Gäste nach Marienbad, die mit anderen Zügen angereist waren, abzuholen.

Vor dem Bahnhof stand wie bestellt der Busfahrer Georg mit seinem nagelneuen Neoplan-Reisebus, um uns nach Marienbad und auch wieder zurückzufahren. Als ich mit den letzten Gästen zum Bus kam, waren natürlich die ersten beiden heißumkämpften Plätze neben dem Busfahrer besetzt. Dass diese Plätze wegen der Nähe zum Mikrophon,

Ameropa-Katalog aus dem Jahre 1986.

um die Gäste zu begrüßen, dem Reiseleiter, also mir, vorbehalten waren, wurde ignoriert. Meine Gäste, die auf meinem Platz saßen, mussten jetzt auf die hinteren Plätze umsiedeln. Eigentlich war das gar nicht so schlimm, denn unser Bus war schließlich nur halb besetzt. Um 13:45 Uhr konnten wir endlich losfahren.

An der Grenze zur CSSR, in Pomezi, wurden wir von den tschechoslowakischen Grenzsoldaten freudig begrüßt. Unser Bus war so neu, dass sie erst einmal eine Schulung von ihren Vorgesetzten bekamen, wo

Marienbad

Kolonnaden in Marienbad

Kurhaus Rudá Hvězda in Marienbad

Marienbad
26. 12. 86 bis 2. 1. 87

Aus dem Ameropa-Katalog aus dem Jahre 1986.

Verstecke und Hohlräume zum Schmuggeln sein könnten. Wir durften im Bus sitzen bleiben, nur Georg der Busfahrer war pausenlos damit beschäftigt, hier etwas und dort etwas am Bus zu öffnen. Nachdem die Schulung vorbei war, begann der offizielle Teil der Grenzkontrolle. Ich hatte ein Schreiben der Balnea, der staatlichen Bäderverwaltung der CSSR, aus Prag dabei, aus dem hervorging, dass man uns bevorzugt bei der Grenzkontrolle behandeln sollte. Jedoch sagte dieses Schreiben nichts über die Befreiung vom Zwangsumtausch aus. Nach längeren Verhandlungen mussten die Hotelvoucher der Gäste zur Prüfung eingesammelt werden. Erst nach intensiver Prüfung wurden diese dann doch als Befreiung vom Zwangsumtausch anerkannt. Der Aufenthalt an der Grenze dauerte eineinhalb Stunden. Gegen 18:00 Uhr erreichten wir endlich Marienbad.

Vorfahrt vor unserem Hotel „Ruda Hvezda", was übersetzt Roter Stern heißt. Vor diesem altehrwürdigen Hotel erwartete uns schon die für uns zuständige Kulturreferentin Jarka. Das weihnachtliche Abendessen, für 17:30 Uhr geplant, musste natürlich verschoben werden. Zuerst Belegung der Zimmer, dann frisch machen und erst dann Abendessen. Vor dem Abendessen musste ich erst einmal viele Gäste umplatzieren, denn als ich in den Speisesaal kam, saß eine allein reisende Dame verloren an einem Tisch direkt neben der Eingangstür, während an vielen Tischen noch Plätze frei waren. Also wurden Ehepaare zu Ehepaaren gesetzt und Alleinreisende zusammen. Man war zufrieden.

Die Kureinrichtungen in Marienbad, zu denen auch unser Hotel gehörte, waren 1946 verstaatlicht worden. Nach 1948 wurde Marienbad zu einem Kurort für sozialistische Arbeiter. Jetzt durften wir, als Devisenbringer aus dem kapitalistischen Ausland, hier die Zeit über Silvester verbringen.

Unser Hotel lag fast vor dem Kurpark mit der barocken Hauptkolonnade, die sich durch ihre Bronzereliefs und Deckenfresken auszeichnet. In der Nähe spielte die neoklassizistische Singende Fontäne alle zwei Stunden klassische Musik, zum Glück nicht in der Nacht.

Der erste Tag, der Zweite Weihnachtsfeiertag, war zur freien Verfügung. Jeder konnte machen, was er wollte. Da die Zimmer keinen Fernseher hatten, gab es in der ersten Etage einen Fernsehraum mit einem Schwarz-Weiß-Fernseher. Zu sehen gab es hier die beiden Programme des Westdeutschen Fernsehens und das dritte Programm aus Bayern. Diesen Fernsehsehraum durften, worauf das Schild am Eingang hinwies, Gäste aus der DDR nicht betreten. Frühstück gab es immer von 7:30 Uhr bis 9:00 Uhr, Mittagessen meistens um 11:30 Uhr oder um 12:00 Uhr. Um 18:00 Uhr dann das festliche Weihnachtsabendessen. Der Höhepunkt dieses Abends war das kleine Unterhaltungsprogramm „Für jeden etwas" mit Gesangs- und Akrobatikeinlagen ab 20:00 Uhr.

Am 27. 12. gab es direkt nach dem Frühstück Informationen über den Kurbetrieb, danach eine Ärzteuntersuchung und dann die Kuranwendungen. Wir waren schließlich in einem Kurbad. Nach dem Mittagsessen – stets köstlich mit dem für die böhmische Küche klassischen Knödeln und mächtigen Mehlspeisen –, führte uns unsere Kulturreferentin Jarka durch die Stadt und den Kurpark. Wir erfuhren, welche Dichter und Denker, auch Kaiserinnen und Könige schon vor uns in Marienbad waren. Der Nachmittag war ausgefüllt mit „der alten Musik". Nach dem Konzert bekamen wir alle eine Langspielplatte von Karel Gott geschenkt, nicht mit dem Lied von der Biene Maja, sondern mit tschechischen Volksliedern. Am Abend dann Tanzabend mit einer tschechischen Tanzkapelle.

Für den 28. 12. war eine Fahrt nach Karlovy Vary, (Karlsbad) vorgesehen, aber erst nach dem Mittagessen und den Kuranwendungen am Morgen. Karlsbad liegt nur ca. 15 bis 20 km von Marienbad entfernt, also ideal für einen Halbtagesausflug. Allerdings nicht, wenn man an der Stadtführung teilnehmen möchte und danach noch vorhat, das Thermalbad zu besuchen. Also wurden die Interessenten für das Thermalbad direkt am Kurhotel Thermal, einem Hochhaus im Kurpark, abgesetzt, die anderen Gäste machten sich auf den Weg durch den Kurpark. Das am Fluss gelegene Kurzentrum umfasste mehrere Kolonnaden mit Säulengängen. In der modernen Sprudelkolonnade befindet sich der Geysir Pramen Vrídlo, dessen Fontäne bis zu 12 m in die Höhe schießt. Die erste Kolonnade in Karlsbad wurde 1826 an dieser Stelle errichtet und 1879 durch eine gusseiserne Konstruktion ersetzt.

Diese wurde 1939 wegen Korrosionsschäden, wahrscheinlich entstanden durch das hoch-schießende Heilwasser, abgerissen, vorübergehend durch eine Holzkonstruktion ersetzt und 1975 als eine verglaste Kolonnade aus Stahlbeton neu gebaut.

Nach der Besichtigung ging es in die Stadt zum Becherovka-Jan-Becher-Museum, welches dem Becherovka, bzw. Karlsbader Becher-Bitter, dem wohl berühmtesten aller tschechischen Kräuterliköre, gewidmet ist. Hier wurde probiert und eingekauft. Eine meiner Urlauberinnen meinte, der Becherovka wäre für sie der „Klosterfrau Melissengeist" des Ostens. Nach dem Schnaps gab es dann noch die Möglichkeit, die berühmten „Karlsbader Oblaten" (tschechisch: Karlovarské oplatky)

Der Hauptbahnhof von Prag.

zu kaufen. Die echten „Karlsbader Oblaten", das muss man wissen, sind Produkte, die auf dem Gebiet der Stadt Karlsbad und nur unter Verwendung des Karlsbader Mineralwassers hergestellt werden. Nachdem wir unsere Gäste, die lieber das Thermalbad genossen, als durch die Stadt zu laufen, abgeholt hatten, ging es zurück nach Marienbad. Uns erwartete nach dem Abendessen das Musikprogramm „Ein Hauch von Weihnachten".

Früh aufstehen mussten wir am 29.12., da es schon Frühstück ab 6:00 Uhr morgens gab. Um 7:00 Uhr war Abfahrt in die goldene Stadt Prag. Da wir den ganzen Tag in Prag verbringen sollten, bekam jeder ein Lunchpaket mit. Georg wartete schon mit seinem Bus vor dem

Der Hauptbahnhof von Prag.

Hoteleingang. Wir fuhren zunächst bis zur Prager Burg, oberhalb der Innenstadt von Prag. Dort stiegen unsere Urlauber aus und wurden von einer Cedok-Reiseleiterin – Cedok war das stattliche Reisebüro der CSSR –, in Empfang genommen. Georg, Jarka, die Kulturreferentin und ich fuhren weiter in die Stadt und parkten an einem Interconti oder Hilton-Hotel am Moldau-Ufer.

Die Prager Burg war schon seit dem 9. Jahrhundert der Sitz von Fürsten und Königen. Jetzt residierte dort Gustáv Husák als Präsident der CSSR. Gustáv Husák setzte auf Druck der Sowjetunion seinen Vorgän-

Das Grand Hotel Europa am Wenzelsplatz.

ger Alexander Dubček ab, Generalsekretär der tschechoslowakischen Kommunisten von 1968 bis 1969, welcher der mächtigste Politiker der Tschechoslowakei und Leitfigur des Prager Frühlings war, und beseitigte die Reformergebnisse des Prager Frühlings. Die Burg ist mit über einer Millionen Besuchern pro Jahr das meistbesuchte Baudenkmal der CSSR. Unsere Urlauber interessierten sich wohl mehr für den gotischen Veitsdom, den Hradschin-Platz oder den Mihulka-Pulverturm als für den Sitz der tschechoslowakischen Regierung. An der Karlsbrücke aus dem 14. Jahrhundert, der ältesten und schönsten Prager Brücke

Die Karlsbrücke in Prag.

über die Moldau, die die Altstadt mit der Kleinseite (Stadtteil Prags unterhalb der Burg) verbindet, nahmen wir unsere Reisegruppe in Empfang und verabschiedeten uns von der Cedok-Reiseleiterin. Jetzt in der Mittagszeit konnten unsere Gäste endlich ihr Lunchpaket im Bus verzehren und Georg wieder Getränke aus seinem Busbestand verkaufen.

Nun unternahmen Jarka und ich die weitere Führung durch die Altstadt, Georg kam mit, um nicht allein im Bus auf uns zu warten. Zuerst ging es zum alten jüdischen Friedhof mit seinen sehenswerten, oft aus dem 15. Jahrhundert stammenden Grabsteinen, der einer der historisch bedeutendsten jüdischen Friedhöfe in Europa ist. Wir erfuhren, dass man aus Platzmangel die Verstorbenen in bis zu zwölf Schichten be-

Der jüdische Friedhof in Prag.

grub, was mit den Jahrhunderten ein für heutige Begriffe fast malerisches Auf und Ab des Erdbodens zur Folge hatte.

Vom Friedhof führte uns Jarka zum Altstädter Ring, der kein Ring ist, sondern der älteste Platz im historischen Zentrum, dessen Ursprünge auf das 10. Jahrhundert zurückgehen, umgeben von vielen gotischen Bauten, wie dem Haus der Steinernen Glocke neben der Nationalgalerie. Um eine Ecke dann das Altstädter Rathaus mit der Prager Rathausuhr, einer mittelalterlichen Uhr an der Fassade des Rathauses; zur vollen Stunde waren hier die zwölf Apostel zu sehen. Vom Altstädter-Ring-Platz ging es weiter zum Wenzelsplatz, dem bekanntesten Platz der Stadt in der Mitte von Prag, der 1848 nach dem Heiligen Wenzel von Böhmen benannt wurde, nachdem er im Mittelalter als Pferdemarkt und in der Neuzeit den Mittelpunkt der Prager Neustadt bildete. Mit 750 m Länge gehört er, obwohl nur 60 m breit, zu den größten städtischen Plätzen in Europa.

Mitten auf dem Wenzelsplatz verabschiedeten wir uns von unserer Reisegruppe für den Rest des Pragaufenthaltes, es war also Zeit zur freien Verfügung bis zur Abfahrt zurück nach Marienbad. Diese freie Zeit nutzten wir für ein spätes Mittagessen – wir hatten keine Lunchpakete für uns mitgenommen –, im Restaurant eines etwas heruntergekommenen Grandhotels direkt am Wenzelsplatz. Empfangen wurden wir von einem livrierten Oberkellner, der uns stilvoll zu einem Tisch führte. An allen Tischen wurden die Gerichte flambiert, also stiegen überall Flammen auf. So auch später bei unseren Gerichten. Der Kellner kam mit einer Flasche hochprozentigem Wodka, tränkte das Fleisch auf unseren Tellern damit, zündete es an und wartete auf unsere Begeisterung. Zum Glück war die Decke des Restaurants sehr hoch, so dass wir nicht im Qualm dieser Räucherei ersticken mussten. Um 16:00 Uhr trafen wir uns alle erneut im Bus am Moldauufer, um rechtzeitig zum Abendessen wieder in Marienbad zu sein.

Der nächste Tag war ausgefüllt mit Kuranwendungen und einem Ärztevortrag über die Heilmethoden in Marienbad. Als einmal meine Frau mitfuhr und sich den Kuranwendungen hingegeben hatte, fragte ich, wie es gewesen wäre. Sie sagte nur, sie wäre in eine Badewanne gesteckt worden, mehr wäre nicht gewesen. Den Spaziergang am Nachmittag durch Marienbad bekam sie aber nicht mit. Nach der Kuranwendung hatte sie einen langen und erholsamen Schlaf in unserem Zimmer. Das Abendprogramm, das durch das Auftreten einer kleinen Folkloregruppe aus Prag gestaltet wurde, bekam sie wieder mit.

Der Silvestertag begann nach dem Frühstück mit einem Programm nach eigenem Wunsch. Also konnten wir uns alle mental auf den Silvesterabend vorbereiten. Zunächst um 17:30 Uhr ein festliches Abendessen und dann ab 19:00 Uhr das Silvesterprogramm mit Tanzmusik der Gruppe „Due de Praga“. Busfahrer Georg war ein exzellenter Tänzer, nur ich nicht. Als ich nach der Aufforderung zum Tanzen von den Damen unserer Reisegruppe meinte, ich hätte nie eine Tanzschule von innen gesehen, meinten diese, das wäre nicht schlimm, ich würde geführt werden. So war es dann auch, und keiner wurde auf die Füße getreten. Um 24:00 Uhr der Festtrinkspruch, es wurde mit tschechoslowakischem Sekt angestoßen, danach Musik, Tanz und Unterhaltung bis in den frühen Morgen.

Das Frühstück am Neujahrstag war nicht wie sonst um 7:30 Uhr, sondern erst ab 9:00 Uhr. Ich war etwas früher im Speisesaal und musste mit Erschrecken feststellen, dass die Gäste eines Reiseveranstalters aus Berlin von diesem alle ein Marzipanschwein auf ihrem Frühstücksplatz stehen hatten. Anruf von mir an die Kulturreferentin. Ich brauchte 25 Marzipanschweine und am besten sofort. Ich fuhr daraufhin mit Jarka in eine Konditorei, die extra für uns aufmachte. Marzipanschweine waren ausverkauft. Also kaufte ich 25 kleine Schokoladentäfelchen und 25 kleine Papptäfelchen, auf denen ich handschriftlich vermerken konnte, dass die Ameropa-Reise meinen Gästen ein gutes Neues Jahr wünscht. Das Frühstück war gerettet, ich auch. Nach dem Mittagessen unternahmen wir eine Neujahrswanderung durch die umliegenden Wälder zum Freilichtmuseum Malé Švýcarsko, mit seiner atemberaubenden Steinlandschaft. Am Abend wurden wir herzlich vom gesamten Hotelpersonal und unserer Kulturreferentin verabschiedet und ich konnte das zuvor eingesammelte Trinkgeld im Namen unsere Reisegruppe überreichen.

Am nächsten Morgen, unserem Abfahrtstag, musste das Frühstück um eine halbe Stunde vorgezogen werden. Schneefall war angesagt worden. Wir fuhren um 8:00 Uhr morgens vom Hotel ab. Vorher verabschiedete sich unsere Kulturreferentin nochmals im Bus von uns. Beim Grenzübertritt in Pomezi wurde das Reisegepäck diesmal nicht kontrolliert, zum Glück, denn hinter der Grenze musste unser Busfahrer wegen starken Schneefalls und einer geschlossenen Schneedecke auf der Straße Schneeketten aufziehen, was natürlich viel Zeit kostete. Rechtzeitige Ankunft am Nürnberger Hauptbahnhof. Vorher bekam ich noch einen Umschlag mit Trinkgeld zugesteckt und ein Sprecher der Reisegruppe bedankte sich im Namen aller für die gute Betreuung während ihrer schönen Silvesterreise.

Kapitel 16

Südtiroler Speck und Pilze einkaufen

Die Weihnachtsferien waren fast vorbei und wir holten unsere Gäste, die mit uns am 1. Weihnachtsfeiertag in den Skiurlaub gefahren sind, wieder ab.

Weihnachten war der Zug mit 16 Wagen, länger geht es nicht, gerammelt voll, allerdings nicht das Abteil 11, denn hier waren die Liegen ausgebaut, um Platz für Ski und Rodel unserer Gäste zu haben. Der Zug hatte Kurswagen nach Bozen, San Candido (Innichen), Zell am See, Innsbruck, Villach und Selzthal. Und der Weihnachtsmann fuhr mit. Ein Betreuer ging im Weihnachtsmannkostüm mit weißem Rauschebart durch den Zug und verteilte Dauerlutscher an die Kinder und Gästeseife vom DER an die Erwachsenen.

Jetzt nach Silvester hatten wir wieder 16 Kurswagen. Diese waren aber nur spärlich besetzt, denn in den Alpen begann nach den Weihnachtsferien die Nebensaison. Spektakulär auf der Hinfahrt war nur der Halt in Köln-Deutz-tief. Der Bahnsteig hat eine Rundung. Für den Zugführer ganz schlecht, er konnte bei unserer Zuglänge nicht überblicken, ob für die Weiterfahrt auch alle Wagentüren geschlossen waren. Also mussten die Liegewagenbetreuer von vorn nach hinten und von hinten nach vorn signalisieren, dass die Wagentüren auch wirklich geschlossen waren. Früh am Morgen Ankunft in Rosenheim. Die Wagen nach Villach und Selzthal verließen uns mit den Hamburger Kurswagen, in Wörgl das gleiche mit den Wagen nach Zell am See, welche nicht in Zell am See blieben, sondern in Saalfelden auf ihre Rückfahrt warten mussten. Im Innsbrucker Hauptbahnhof blieben die Wagen für Innsbruck am Schluss des Zuges stehen, um später im Westbahnhof abgestellt zu werden. Wir fuhren weiter hinauf zum Brenner, wo uns eine italienische Lok und italienische Zugführer erwarteten. Später in Fortezza/Franzensfeste gingen die Kurswagen nach San Candido/Innichen, ein Ort an der Grenze zu Osttirol, ab. Das Besondere an der Zugfahrt nach San Candido war der angekoppelte Heizwagen. Die Die-

Alpen-See-Express-Wagen mit Heizwagen im Bahnhof von San-Candido/Innichen. Foto von Egon Ehlberg, ehemaliger Betreuer der SBG-Hamburg, aus dem Jahr 1985.

selloks auf dieser Strecke konnten unsere Liegewagen nicht beheizen, deshalb der Heizwagen.

Ankunft in Bozen. Ich wurde von einigen jungen Männern am Bahnsteig angesprochen, welcher Wagen von Jochen betreut würde. Sie wären die Jungs aus der Erbsengasse. So erfuhr ich, dass Jochen einmal in der Erbsengasse mit diesen Jungs einen Umtrunk organisiert hatte und sie danach gegen Bezahlung seinen Wagen umrüsteten, also schmutzige Laken einsammeln, saubere Laken austeilen, Decken falten und was sonst noch für die Rückfahrt zu machen war. Jetzt waren sie wieder da und Jochen glücklich, seinen Wagen nicht wieder umrüsten zu müssen. Was er diesen Jungs bezahlte, darüber herrschte Stillschweigen.

Alpen-See-Express nach Zell am See.

Wir gingen in Bozen meist bei Frau Schmidt zum Mittagessen. Hier gab es das erste und das zweite Menü. Immer vorher Pasta Asciutta und dann das Hauptgericht. Dazu musste man wissen, dass als Pasta asciutta das ganze Pastagericht bezeichnet wird. Pasta asciutta ist wörtlich übersetzt „abgetrocknete" Pasta, von asciugare = abtrocknen. Damit ist die nach dem Kochen abgegossene und gut abgetropfte Pasta gemeint. Pasta asciutta wird mit verschiedenen Saucen: sugo oder ragù gegessen. Pasta asciutta kann auch nur mit Butter oder Olivenöl und Käse serviert werden, hat also mit Spaghetti Bolognese nicht immer etwas tun. Man konnte bei Frau Schmidt sehr günstig essen, auch weil hier die Studenten aus Bozen aßen. So war das Lokal von Frau Schmidt in Bozen so etwas wie eine Mensa.

Alpen-See-Express nach Zell am See.

Manchmal gingen wir auch mit dem örtlichen Reiseleiter der TUI zum Mittagessen, allerdings nicht in einem italienischen Restaurant. Hier wurde mehr die österreichische Küche verehrt, schließlich gehörte Südtirol vor dem Ersten Weltkrieg zu Österreich. Als einmal mein Hamburger Kollege Lazaroni mit italienischen Wurzeln mit dabei war, meinte er beim Anblick von Salzkartoffeln neben seinem Schnitzel, das die italienische Lebensart hier noch nicht angekommen wäre. In seiner italienischen Heimat gäbe es auch Kartoffeln, aber nur als Salat.

In den 1970er und 1980er Jahren kam es immer wieder zu Konflikten zwischen Italienern und Südtirolern in der Gegend zwischen

Fotoserie von Christof Haering, eigentlich gedacht zur Anleitung zum Aufrüsten des Liegewagens für neueingestellte Betreuer; wurde nie veröffentlicht, da der Sonderzug-Verkehr eingestellt wurde.

dem Brenner und Bozen. Oft fuhren Carabinieri mit in unseren Zügen, um Anschläge von beiden Parteien zu verhindern. Vor unserem Aufenthalt in Bozen hatten sogenannte Südtiroler Freiheitskämpfer die Statue eines italienischen Generals auf einem Platz in Bozen in die Luft gesprengt. Während unseres Essens mit dem TUI-Kollegen fragte ich diesen, ob er damit etwas zu tun hätte. Offiziell nicht, meinte er, aber die Italiener hätten schließlich davor ja auch die Statue von Andreas Hofer, dem Tiroler Freiheitshelden, in die Luft gejagt.

Nach dem Mittagsessen ging es zunächst in eine Weinhandlung in der Altstadt. Es war modern, Asti Spumante zu trinken und in Deutschland war dieser Schaumwein noch nicht erhältlich. So kauften wir kistenweise Asti, wahlweise von Cinzano oder Martini, wobei Asti von Martini etwas teurer war und deshalb nur im Notfall gekauft wurde. Die Kisten brachte man kurz vor Abfahrt des Zuges mit einem „ape“, also einem

Christof Haering in seinem aufgerüstetem Abteil.

Roller mit Ladefläche, auf den Bahnsteig, direkt zu unseren Liegewagen.

Dann ging es zum Markt. Vor einem Geschäft, spezialisiert auf Südtiroler Speck und Pilzen mit dem Schild über dem Laden „Speck e Funghi“, stand der Inhaber in einem nicht mehr ganz sauberen weißen Kittel, ein langes Messer in der Hand und auf dem Messer aufgespießt ein Stück Südtiroler Speck. Wer das nahm, musste ihm in den Laden folgen. Wir machten es immer. Der Laden war voller Speck, der in der Theke lag und hinter der Theke an der Wand hing. Je älter der Speck, umso teurer war er, aber köstlich war er in jedem Alter. Nachdem wir uns durchprobiert hatten, kauften wir Speck für zu Hause. Manch eine Scheibe wurde allerdings schon abends im Dienstabteil verzehrt. Bei den Pilzen waren wir skeptischer. Eigentlich kannten wir nur Steinpilze, also „fungo porcino“, die wir scherzhaft „Funghi Graniti“ nannten.

Zum Ende des Aufenthaltes war Treffpunkt in einer Bar direkt am

Gegenüber sein Kollege aus dem Nachbarwagen.

Marktplatz. Hier trank man Wein in Gesellschaft der örtlichen Carabinieri und der Sandler, die österreichische Bezeichnung für verwahrloste Personen, die auf der Straße leben, es waren also alle Gesellschaftsschichten vertreten. Abends ging es dann wieder zurück Richtung Bahnhof. Nachdem alle Gäste eingestiegen waren, der Asti sicher im Dienstabteil verstaut war, trank das Personal noch einen letzter Campari-Soda am Kiosk am Binario/Gleis 4.

Mit den Wagen zusammen aus San Candido erreichte man am Abend die Grenzstation Brennero/Brenner. Die Österreicher führten wie immer eine umfangreiche Passkontrolle durch. Wir standen in der Bar zusammen mit den Zugführern aus Italien und Österreich. Da die österreichischen Zugführer mit in der Bar waren, wussten wir mit Gewissheit, wann unser Zug weiterfahren würde. Einmal kam ein Betreuer zu uns in die Bar und meinte, sein Kollege vom Nachbarwagen wäre gerade von den österreichischen Grenzbeamten verhaftet worden. Warum, das musste jetzt geklärt werden.

Der Betreuer, ein iranischer Pharmaziestudent, hatte eine Aufenthaltsgenehmigung für Deutschland, aber nicht für Österreich. Dass er unseren Zug in Österreich zum Transit nutzte, wurde auf einmal nicht akzeptiert. Die Reise zurück über Italien und dann durch Frankreich – für diese Länder hatte er auch eine Aufenthaltsberechtigung – war nicht zu bewerkstelligen, zudem auch zu teuer. Es musste eine andere Lösung gefunden werden. Da vor uns ein D-Zug nach München fuhr und ein Grenzbeamter in der Nähe von Wörgl wohnte, meinte dieser, er nähme unseren Betreuer mit im D-Zug bis zur Grenze nach Kufstein, übergebe ihn dort den Grenzbeamten, die sicherstellen müssten, dass er dann wieder in unseren Zug nach Deutschland einsteigt. In Kufstein kam er dann auch zurück in unseren Zug. Er glücklich, dass er mit uns weiterfahren konnte und wir glücklich, dass sein Wagen wieder betreut werden konnte.

Kufstein war auch für viele Betreuer, die eine Modelleisenbahn hatten und in Innsbruck waren, ein wichtiger Bahnhof. In Innsbruck wurden traditionell in einem Modellbahngeschäft Eisenbahnmodelle des österreichischen Herstellers „Roco“ gekauft. In Kufstein gingen die Betreuer mit ihrer Ware aus Innsbruck und der Rechnung zum österreichischen Zoll, um eine Bescheinigung zur Rückerstattung der Mehrwertsteuer zu bekommen. Mit dieser Bescheinigung bekamen sie beim nächsten Einsatz nach Innsbruck in dem Modellbahngeschäft die Mehrwertsteuer ausgezahlt. Also ein lohnendes Geschäft. Was viele nicht wussten – neben dem österreichischen Zoll saß auch der deutsche Zoll, und der kassierte eine Einfuhrsteuer von 5 % auf die in Österreich gekauften Modellbahnen.

Am nächsten Morgen brachten nicht nur viele Betreuer Eisenbahnmodelle mit nach Hause, sondern auch Speck und getrocknete Pilze, die italienischen „fungo porcino“.

TUI-Plakat für den Ferienexpress; aus einer Ausstellung im Eisenbahn- und Heimatmuseum Erkrath-Hochdahl. Der Koffer darunter wurde von mir auf dem Dachboden gefunden und nach dem Foto entsorgt.

Kapitel 17

Dem Papst die Hand geschüttelt

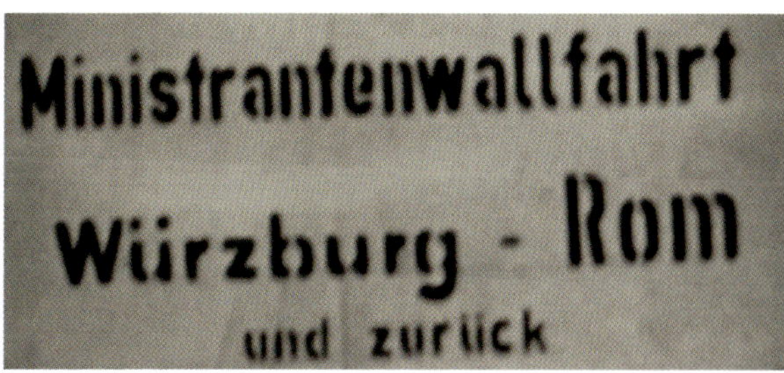

Mit dem Pilgerzug nach Rom – für uns nicht festangestellte Reiseleiter ein schöner Einsatz im Herbst mit den Kirchenchören des Bistums Essen und über die Osterfeiertage mit den Ministranten aus Bayern.

Für die Ministranten-Wallfahrt war das Erzbistum München-Freising der Veranstalter, Reiseveranstalter das Bayerische Pilgerbüro. Unser Liegewagenzug – dazu ein Wagen mit Reiseleiterabteil für Durchsagen – für diese Pilgerreise wurde über Nacht von Dortmund nach Würzburg überführt. Ausgeruht erreichten wir am frühen Morgen Würzburg und unser Zug wurde auf einem Abstellgleis im Hauptbahnhof abgestellt. Zeit genug zum Frühstücken im Bahnhofsrestaurant und um alle Decken und Kissen nach Belegungsliste zu verteilen. Am Mittag dann planmäßige Abfahrt vom Ausgangsbahnhof Würzburg Hbf. Eigentlich dachten wir, mit einer Ministranten-Wallfahrt reisen nur Messdiener, die am Altar in der katholischen Kirche ihren Dienst verrichten. Weit gefehlt. Mädchen und Jungen und auch Frauen und Männer aller Altersschichten hatten sich für diese Ministranten-Wallfahrt angemeldet und standen schon auf den Bahnsteigen in Nürnberg, Neumarkt in der Oberpfalz, Regensburg, Landshut, Freising, München, Rosenheim und Kufstein, um mitzufahren. In Regensburg stieg sogar ein Weihbischof zu, der auf dem Bahnsteig singend von einem Chor für die weite Reise nach Rom verabschiedet wurde.

Dann die Nachtfahrt über den Brenner, an Verona vorbei, über Bologna, Florenz; nach Florenz verließen wir kurz hinter Arezzo die Hauptstrecke nach Rom, und es ging eingleisig weiter über Perugia bis Assisi. Dort Ankunft am frühen Morgen. Der Besuch des Heiligen Franz von Assisi, dem Begründer des Franziskanerordens, gehörte zum ersten Programmpunkt der Ministranten-Wallfahrt.

Der neuere Teil Assisis, in dem sich auch der Bahnhof befand, in dem unser Zug abgestellt wurde, liegt am Fuß des Berges um die Basilika Santa Maria degli Angeli, welche die kleine Portiunkula-Kapelle umschließt, in der Franziskus gestorben ist. Unsere Pilger frühstückten in einem riesigen Restaurant, nachdem sie die Basilika besichtigt hatten und fuhren dann mit Bussen hinauf nach Assisi. Hier wurde im Jahr

Das Foto aus Assisi entstand während einer Reise anlässlich der Goldenen Hochzeit 2007 meiner Schwiegereltern in die Toskana. Da wir mit den Pilgerzügen nie aus dem

1181/1182 der Heilige Franz von Assisi geboren. Mit den Basiliken San Francesco und Santa Chiara, den Grabstätten des Heiligen Franziskus und der Heiligen Clara, ist Assisi ein bedeutender Pilgerort des Christentums. So auch für unsere Ministranten.

Für uns Aufenthalt bis zum Nachmittag im Bahnhof von Assisi. Unsere Pilger würden ihr Mittagessen oben in Assisi in der Nähe der Basilika des Hl. Franz bekommen. Wir hatten Zeit, alle Decken, Kissen und Laken einzusammeln. Dazu hörten wir in voller Lautstärke unsere mitgebrachten Kassetten von Lucio Battisti und Adriano Celentano über unsere Zuglautsprecher. „Azzurro, Il pomeriggio è troppo azzurro, E lungo per me, Mi accorgo, Di non avere più risorse, Senza di te, E allora, Io quasi quasi prendo il treno, E vengo, vengo da te, Il treno dei desideri – (Ich nehme fast den Zug, und ich komme, ich komme zu dir, der Zug der Wünsche) – va Nei miei pensieri all'incontrario wurde

Bahnhof kamen, musste ein Abstecher nach Umbrien gemacht werden, um endlich die Basilika des Hl. Franz zu besichtigen.

lauthals mitgesungen, immer wenn der Packen Decken vom Abteil ins Dienstabteil befördert wurde. Ob auch gegenüber auf dem Bahnsteig mitgesungen wurde, bekamen wir nicht mit. Am späten Nachmittag dann Weiterfahrt bis zur Endstation Roma-Ostiense, dort Ankunft am Abend.

Vor dem Bahnhof Ostiense, südlich vom Colosseum gelegen, warteten schon auf dem riesigen Vorplatz die Busse, um alle Pilger in ihre Quartiere zu bringen. Hinter dem Busparkplatz eine Pyramide und die

Im Bahnhof Roma Ostiense 1981.

gleichnamige Metrostation. Was hat eine ägyptische Pyramide mitten in Rom zu suchen? Es handelt sich um das Grabmal des römischen Prätors Caius Cestius Epulo, das um 12 v. Chr. errichtet wurde, zu einer Zeit also, in der nach der Eroberung Ägyptens durch das Römische Reich die Kultur der neuen Provinz eine starke Faszination auf die römische Kultur ausübte. Die Cestius-Pyramide ist aus Beton gebaut und 36,40 m hoch, ihre quadratische Basis hat eine Seitenlänge von rund 30 m. Nach einer Inschrift auf der einen Seite wurde die Pyramide in nur 330 Tagen errichtet. Wir gingen aber nicht zur Pyramide, sondern zu den Bussen. Bei Pilgerreisen blieb das Zugpersonal immer vor Ort bis zur Rückreise, und der Veranstalter sorgte für die Unterkunft. So auch hier. In jeder Unterkunft gab es vom Veranstalter avisierte Personen, die sich um die Reisenden kümmerten. So waren wir auch in unserer Unterkunft als Ansprechpartner für die Pilger zuständig. Wir wiesen z. B. darauf hin, um welche Zeit morgens der Bus zu den Ausflügen abfahren würde und hielten Kontakt zur Pilgerleitung. Bei dieser Reise wohnten wir bei den spanischen Schwestern in der Nähe der Laterankirche (Erzbasilika San Giovanni in Laterano).

Wer nun meint, in einem Kloster wäre alles sehr spartanisch, der hat noch nie bei den spanischen Schwestern übernachtet. Dieses Kloster konnte locker mit einem sehr guten Hotel mithalten. Allerdings wurde uns direkt nach Ankunft mitgeteilt, dass die Pforte um 22:00 Uhr geschlossen würde und danach keiner mehr hineinkommt. Am ersten Abend bekamen wir zur Alternative des römischen Nachtlebens die Möglichkeit, im Speisesaal nach 22:00 Uhr noch Wein zu trinken. Eine Novizin pendelte zwischen Weinkeller und Speisesaal hin und her und meinte um 24:00 Uhr, sie sei jetzt müde und wir bekämen noch ein letztes Glas Wein. Wir waren zwar, wie immer nach einer langen Bahnfahrt, ziemlich aufgekratzt, aber dann doch auch müde. Und um ehrlich zu sein, wir waren während des gesamten Aufenthaltes in Rom immer vor 22:00 Uhr im Kloster und hatten das Nachtleben wirklich nicht vermisst.

Der erste Tag in Rom nach dem Frühstück im Kloster begann mit einer Stadtrundfahrt. Mit dem Bus kam ein Kollege vom Deutschen

Reisebüro in Rom, der normalerweise Städtetouristen aus Deutschland, die Führungen gebucht hatten, betreute. Zuerst fuhren wir zur Spanischen Treppe und wurden am Fuß der Treppen aus dem Bus gelassen. Es ging aber nicht sofort die Treppe hinauf, sondern ein paar Meter die Straße hinunter zum Café Greco. Wie der Name sagt, wurde das berühmte Café von einem Griechen gegründet. Seit 1760 trafen sich dort ausländische, häufig deutsche Maler, Poeten und andere Künstler. Der bekannteste Gast dürfte wohl Johann Wolfgang von Goethe während seines Romaufenthaltes gewesen sein. Wir sind nicht hineingegan-

Im Bahnhof Roma Ostiense 1981 mit meiner Freundin Ingrid. Wir haben 1985 geheiratet

gen, mit 30 Pilgern wäre es dort auch überfüllt gewesen. Wir gingen wieder zum Fuß der Spanischen Treppe, zum Brunnen Fontana della Barcaccia; der Name Barcaccia wird von der Form einer halbgeneigten Barkasse abgeleitet. Die Barkasse aus Travertin steht mitten in dem ovalen Brunnen. Der Brunnen sollte an eine Hochwasserkatastrophe im Jahre 1598 erinnern, während der der Platz überschwemmt war und hier ein Boot gestrandet sein soll. Als wir dort standen, ließen gerade jugendliche Römer ein Entenpärchen dort schwimmen, dies war auf einmal interessanter, als unserem Reiseleiterkollegen zuzuhören.

... und unternehmen heute noch viele Reisen, allerdings nicht mehr mit Sonderzügen.

Die Spanische Treppe.

Die Spanische Treppe, 1723 erbaut, geht steil von der Piazza di Spagna zur Kirche Santa Trinita dei Monti hinauf. Die Piazza di Spagna bezog ihre Bedeutung vor allem von der spanischen Botschaft beim Heiligen Stuhl, die hier ihren Sitz hat. Der Platz vor der spanischen Botschaft war spanisches Hoheitsgebiet, und jeder Ausländer, der sich dort ohne Genehmigung aufhielt, konnte zum Dienst in der spanischen Armee verpflichtet werden. Auch ein Asylrecht gegenüber dem Vatikan konnte hier gewährt werden. Wir hatten Glück, wurden nicht zum spanischen Militär eingezogen und ein Asylrecht brauchten wir nicht, im Gegenteil, wir wollten noch den Vatikan besuchen. Unsere Pilger gingen weiter durch die Villa Borghese zum Piazza del Popolo, wir fuhren das kurze Stück mit dem Bus. Viele waren verwundert, dass die Villa Borghese keine Villa ist, sondern ein großflächiger Park mit vielen Skulpturen berühmter Männer und Frauen. Die Piazza del Popolo ist einer der bekanntesten Plätze Roms. Im Italienischen bedeutet dies „Platz des Volkes“, tatsächlich leitet sich der Name aber von den Pappeln (Popolus) ab, die den Platz säumen. Der neoklassizistische Platz aus den Jahren 1811–1822 diente ursprünglich als Ort, um Besucher und Pilger willkommen zu heißen, die Rom über die Via Flaminia von Norden aus betraten und nicht wie wir, die mit dem Zug in Ostiense ankamen.

Nun hatten wir auch immer ein paar Leute um uns, die nicht dem örtlichen Reiseführer zuhörten, sondern uns auch zu den Sehenswürdigkeiten der Stadt befragten. So wurden wir zur Fontana della Dea di Roma von einer jungen Dame gefragt, warum an diesem Brunnen auch das Wasser an den Brunnenwänden herunterläuft. Unsere Antwort war dazu, dass, als Nero Rom in Flammen legte, dies eine künstliche Barriere für die Ausbreitung der Flammen gewesen wäre. Als sie sich eine Bestätigung für unsere Angaben beim örtlichen Reiseleiter holen wollte, meinte dieser – zu Recht –, man solle uns nun wirklich nicht alles glauben.

Die nächste Station war die Piazza Navona. Hier erfuhren wir, dass durch die Verlängerung einer antiken Wasserleitung Bernini 1649 in der Mitte des Platzes den Vierströmebrunnen (Fontana dei Quattro Fiumi) anlegen konnte. Vier kolossale männliche Figuren symbolisieren die größten Ströme der damals bekannten vier Kontinente (Donau, Nil, Ganges und Rio de la Plata). Die zwei älteren Brunnen, die Fontana del Moro im Süden und der Neptunbrunnen im Norden, wurden von Bernini neu gestaltet, damit sie architektonisch zu seinem Brunnen passten. Zur Zeit Julius Cäsars war die Piazza Navona eine Kampfbahn für Gladiatoren. Wir interessierten uns nicht nur für die Brunnen auf dem Platz, sondern auch für das Tartufo-Eis von Tre Scalini, einem Lokal an der Seite des Platzes und tranken unseren Espresso in einer Bar am Rand des Platzes, wo man gemütlich auf Kaffeesäcken sitzen konnte. Da unser Reiseführer sich noch mit den Brunnen beschäftigte, kam unsere junge Dame wieder zu uns, zeigte uns ihre gekauften Postkarten und wollte wissen, was Briefmarke auf Italienisch heißt. „Frankobollo" sagte ich und bot an, mit ihr in einen Laden mit dem schwarzen Schild zu gehen, einem „Sali e Tabacchi". Um in Italien Tabakwaren zu verkaufen, wird eine Lizenz benötigt, früher galt das auch für Salz. In so

Auf der Piazza Navona in Rom.

einer Tabaccheria wurden neben Zigaretten auch Busfahrkarten, Briefmarken und Ansichtskarten verkauft. Im Laden angekommen, fragte unsere junge Dame nach „Stampa", weil ihr der Begriff „Frankobollo" unsinnig vorkam. Was sie bekam, war eine Zeitung mit dem Namen Stampa. Nun zeigte sie ihre Postkarten und der nette Verkäufer meinte: „Ah, Frankobollo" und verkaufte ihr die gewünschten Briefmarken. Ein Pluspunkt für uns, aber jetzt war sie noch mehr verunsichert.

Der nächste Besichtigungspunkt war der Trevi-Brunnen, die Fontana di Trevi. Der Trevi-Brunnen besteht aus einer Palastfassade, der ein Triumphbogen vorgesetzt ist. Davor tummeln sich Meeresgestalten auf einer Felslandschaft, über die sich das Wasser in ein großes, flaches Becken ergießt. Das verwendete Material für diese Brunnenlandschaft ist Travertin aus Tivoli in der Nähe von Rom und Marmor aus den Carrara-Steinbrüchen in der Nähe von Pisa. Unsere Pilger mussten sich mit dem Rücken zum Brunnen aufstellen und über die Schulter Münzen in den Brunnen werfen. Wer während seines Romaufenthaltes keine

Fontana di Trevi während der Sanierung im Jahr 1989.

Münze in den Brunnen wirft, wird nie wieder nach Rom kommen. Das wollte nun keiner. In dem Film La Dolce Vita (Das süße Leben) von Fellini aus dem Jahr 1960 nahm Anita Ekberg zusammen mit Marcello Mastroianni ein nächtliches Bad im Trevi-Brunnen. Wir wurden davor gewarnt, denn Nachahmer würden mit Sicherheit in einer römischen Gefängniszelle landen. Unsere Pilger hatten noch einen Gottesdienst in einer Kirche in der Nähe zum Abschluss des Tages und wir einen Tisch in einer Pizzeria in der Nähe des Trevi-Brunnens.

Der zweite Tag in Rom sollte ein besonderer Tag werden. Auf dem Programm stand ein Besuch der Engelsburg, Vatikanische Museen und als Höhepunkt die Papstaudienz. Wir fuhren mit dem Bus zunächst zur Engelsbrücke, wurden dort vom Bus abgesetzt, gingen über die Engelsbrücke hinüber zur Engelsburg. Die Engelsburg (italienisch Castel Sant'Angelo oder Mausoleo di Adriano) in Rom wurde ursprünglich als Mausoleum für den römischen Kaiser Hadrian (117–138 n. Chr.) und seine Nachfolger errichtet. Die Villa des Kaisers, die Villa Hadrian, oder das, was noch davon übrig ist, liegt unterhalb vom Tivoli und ist auf dem

Die Kuppel vom Petersdom.

Die Engelsburg.

Weg zur sehenswerten Villa d'Este ein guter Zwischenhalt. Später wurde die Engelsburg von verschiedenen Päpsten zu einer Kastellburg umgebaut. Ab 1901 wurde das Gebäude nicht mehr als Burg verwendet. Seit dem 13. Februar 1906 ist die Engelsburg ein Museum. In der Oper Tosca von Puccini begeht die Protagonistin Selbstmord, indem sie sich von der Engelsburg stürzt. Unsere Pilger hatten zum Glück keine Selbstmordgedanken, sondern bewunderten den Erzengel im Innenhof der Burg.

Nach der Besichtigung brachte uns der Bus in eine Seitenstraße am Petersdom. Von hier mussten wir dann an einer hohen Mauer vorbei bis zum Eingang der vatikanischen Museen gehen. Höhepunkt der vatikanischen Museen ist die Sixtinische Kapelle, doch um sie zu besichtigen

Auf dem Petersplatz, Ostern 1981, bevor alle ihre Luftballons steigen lassen.

muss jeder durch das gesamte Museum. Die Deckenmalereien von Michelangelo, die zwischen 1508 und 1512 im Auftrag von Papst Julius II entstanden, waren kaum zu sehen. Das Gerüst für die Restaurierungsarbeiten, die von 1982 bis 1994 dauerten, verhinderte einen Blick auf die gesamten Fresken. Ich hatte das Glück, die Sixtinische Kapelle in drei Zuständen zu sehen, einmal dunkel verrußt vor der Restaurierung, dann eingerüstet und später in einem hellen Zustand, der mit dem vor der Restaurierung kaum zu vergleichen war. Am Nachmittag gingen wir in die große vatikanische Audienzhalle hinter dem Petersplatz. Wir hatten Eintrittskarten, die am Eingang von der Schweizer Garde kontrolliert wurden. Alle mussten sich im Halbkreis in der Halle hinter

Auf dem Petersplatz, Ostern 1981.

einer Absperrung aufstellen. Und dann kam er, Johannes Paul II., der Papst aus Polen mit dem bürgerlichen Namen Karol Józef Wojtyła, und schüttelte fast jedem von uns die Hand. Für mich war er der dritte Papst, den ich in Rom erleben konnte. Zuerst Papst Paul VI., der mit der Enzyklika Humanae vitae bei uns als Pillen-Paul bekannt wurde, dann Johannes Paul I., den ich wegen seiner nur 33-tägigen Papstzeit bei einem Aufenthalt im Herbst sehen konnte und jetzt Wojtyła, ein beliebter, aber auch konservativer Papst. Der Flughafen von Bari wurde nach ihm benannt. Nach dieser Audienz wollten sich viele Pilger die Hände nicht mehr waschen.

Ostern rückte immer näher. Zum Segen „Urbi et orbi" auf dem Petersplatz trafen wir uns am Morgen des Ostersonntags. Der Platz war voller Gäste aus der ganzen Welt. Andächtig war die Situation auf dem Platz nicht. Man unterhielt sich laut, Kinder spielten und tobten. Es war ein völlig anderer Eindruck, als man ihn bei der Übertragung im Fernsehen bekommt. Als der Papst an seinem Fenster erschien, wurde geklatscht und gerufen, Luftballons flogen in die Höhe.

Ostermontag, auch ein Feiertag in Italien, war wieder für Ausflüge vorgesehen. Morgens fuhren wir zur Sebastian-Katakombe im Süden von Rom, direkt an der Via Appia Antica gelegen. Die ersten Gänge dieser Katakombe sollen bereits am Ende des 1. Jahrhunderts angelegt worden sein, um dort heidnische und christliche Bestattungen in Wandnischengräbern vornehmen zu können. In der Folgezeit hat sich die Katakombe dann auf vier Stockwerke ausgedehnt, die heute zum großen Teil zerstört sind. Petrus und Paulus sollen hier beigesetzt worden sein. Auf jeden Fall war die Katakombe für Katholiken in der Römerzeit eine Gedächtnisstätte für die beiden Apostel. Unsere Aufgabe war es, darauf zu achten, dass sich niemand in den unterirdischen Gängen verläuft. Alle hatten wieder herausgefunden.

Von den Katakomben ging es mit dem Bus wieder Richtung Stadt zum Kolosseum, welches im Jahr 80 mit hunderttägigen Spielen eröffnet wurde, unter anderem mit Gladiatorenkämpfen und nachgestellten Seeschlachten. Gladiatoren erwarteten uns schon vor dem Kolosseum und wer sich mit ihnen fotografieren ließ, erfuhr nach dem Fototer-

Kiosk in Rom.

min, dass diese Aktion nicht gerade kostengünstig war. Das Kolosseum war der Veranstaltungsort von in aller Regel höchst grausamen Spielen, die von Mitgliedern des Kaiserhauses ausgerichtet wurden und zu denen jeder freie Bewohner Roms kostenlos Zutritt hatte. Auch wir hatten freien Eintritt ins Kolosseum, was sich aber schon ein paar Jahre später änderte. Dann ging es hinüber zum Forum Romanum, das älteste römische Forum, Mittelpunkt des damaligen politischen, wirtschaftlichen, kulturellen und religiösen Lebens. Es liegt in einer Senke zwischen den drei Stadthügeln Kapitol, Palatin und Esquilin und war der Ort vieler öffentlicher Gebäude und Denkmäler. Das Forum Romanum ist eine der wichtigsten Ausgrabungsstätten des antiken Roms.

Auf der Suche nach einer Eselssalami.

Hier musste Eintritt gezahlt werden. Durch das Forum Roman erreichten wir den im Norden gelegenen Ausgang zum Kapitol. Auf dem von Michelangelo entworfenen Kapitolsplatz steht eine Kopie der Reiterstatue Mark Aurels, umringt wird der Platz von den Kapitolinischen Museen und dem Senatorenpalast, dem Rathaus von Rom. Wer in Rom heiratet, macht dies hier. Wir jedoch gingen die Freitreppe hinunter zum Monumento Nazionale a Vittorio Emanuele II, welches anlässlich des Todes von König Vittorio Emanuele II. ab 1885 errichtet und im Jahr 1927 fertiggestellt wurde. Die Anwohner Roms nennen dieses Denkmal wegen seiner Form einfach „die Schreibmaschine". Auf der Piazza Venezia vor der Schreibmaschine wartete unser Bus und brach-

Auf einem Markt in Rom.

te uns anschließend zur Kirche Santa Maria Maggiore, der berühmten Papstbasilika aus dem 5. Jh., bekannt für römische Mosaike und der vergoldeten Decke. Unsere Pilger konnten sich die Mosaike und die Decke ansehen, aber hauptsächlich sollten sie hier an einem Gottesdienst teilnehmen. Wir hingegen liefen Richtung Roma Termini, denn in dem Viertel zwischen Santa Maria Maggiore und dem Hauptbahnhof gab es viele Bars mit der Spezialität: gegrilltes Spanferkel im Panini.

Der nächste Tag war zur freien Verfügung. Jeder konnte also machen, was er wollte. Wir fuhren zuerst mit der Metro zum Bahnhof Termini und dann mit der Straßenbahn zum Piazza Vittorio Emanuele II. Diesen parkähnlichen Platz umgaben Marktstände, die in der Hauptsache Lebensmittel verkauften. Eine Besonderheit auf diesem Markt waren die Geflügelhändler. Die lebenden Hühner wurden vor den Augen der Kunden geschlachtet und kamen dann in eine Maschine mit einem bürstenähnlichen Mechanismus und danach waren alle Federn vom Huhn entfernt. Als wir das Procedere fotografieren wollten, wurden wir von den Händlern sehr kritisch angesehen. Aber wegen der Hühner waren wir nicht zum Markt gekommen. Mein Kollege wollte eine Spezialität des Latiums, eine Eselssalami, erwerben. So standen wir ziemlich ver-

Der Hauptbahnhof von Rom.

zweifelt vor einem Salamistand. Was heißt Eselssalami auf Italienisch? Mein Kollege versuchte es mit „Salame I A., I A". Kopfschüttelnde Blicke des Salamiverkäufers. Dann fiel mir eine Vokabel ein, die ich vom Abhören der Lateinvokabeln meines Bruders kannte. „Asinus dultus", was so viel wie „dummer Esel" heißen sollte. Also versuchte ich es mit „Salame asinus" und schon bekamen wir Stücke einer Eselssalami zum Kosten über die Theke gereicht.

Am Mittwoch nach Ostern verabschiedeten wir uns von den spanischen Schwestern und dankten für die gute Unterkunft und Verpflegung mit einem Strauß Blumen vom Markt auf der Piazza Vittorio Emanuele II. Wir mussten morgens vor den Pilgern im Zug sein, um für alle die Decken, Kissen und Laken für die bevorstehende Nachtfahrt in den Abteilen auszulegen. Abfahrt war mittags vom Bahnhof Roma Ostiense, wo unser Zug während des gesamten Aufenthalts abgestellt war und auch gereinigt wurde. Zurück ging es nicht über Assisi, sondern direkt über die Direttissima Richtung Bologna. Hinter Bologna, wir fuhren durch viele kleine Orte, fragte uns ein Fahrgast, wo wir denn jetzt wären. Mein Kollege schaute aus dem Fenster und meinte, wir fahren gerade durch „sottopassagio". Eine halbe Stunde später kam der Gast wieder zu uns und meinte, wir würden immer durch Bahnhöfe fahren, die „sottopassagio" heißen würden. Dann fiel uns ein, sottopassagio heißt auf Deutsch „Unterführung", und die gibt es in den meisten Bahnhöfen.

Am anderen Morgen erreichten wir unsere Ausstiegsbahnhöfe. Der Weihbischof wurde wieder in Regensburg vom ansässigen Kirchenchor singend empfangen. In Würzburg verließen uns die letzten Pilger und unser Zug wurde leer nach Dortmund überführt. Als wir durch Hagen-Vorhalle fuhren, schwante uns schon Schreckliches. Unser Zug fuhr nicht zum Betriebsbahnhof, sondern nach Dortmund-Flughafen. Der Bahnhof Dortmund Flughafen lag nicht am Dortmunder Flughafen, sondern war ein Abstellbahnhof irgendwo auf der Strecke zwischen Dortmund und Hamm, wo kaum Züge hielten. Zum Glück ein Bahnhof mit Telefonzelle. Wir fuhren mit dem Taxi zur Außenstelle und dann nach Hause. Mit Eselssalami im Gepäck.

Kapitel 18

Urlaubsbeginn im Trans-Europa-Express

Eigentlich fuhren wir lieber mit den Nachtzügen zu den Urlaubsgebieten am Mittelmeer, aber wir mussten ja auch unsere Urlaubsgäste mit innerdeutschen Reisezielen betreuen. Ab 1980 gab es Tagesfahrten mit dem ehemaligen Trans-Europa-Express in die Urlaubsorte des Bayerischen Waldes, ins Allgäu, in die Bayerischen Alpen oder in den Schwarzwald. Diese Triebwagenzüge, viele noch mit dem TEE-Emblem auf der Schnauze, lösten die Liegewagenzüge ab, welche z. B. in der Nacht hin- und tags wieder zurückfuhren. Wir fuhren also VT, die Abkürzung für Verbrennungstriebwagen, und zwar mit dem VT 601, der früher, als er noch ein richtiger TEE-Zug war, VT 11.5 hieß. Dieser Zug, der seit 1958 auf den Schienen Europas fuhr, hatte auch in den 1980er Jahren nichts an Komfort vermissen lassen. Geräumige Abteile, gut, in den Großraumwagen waren einige Sitze dazugekommen, automatisch schließende und zu öffnende Türen an den Übergängen, Klimaanlagen und ruhige Fahrgeräusche.

Dienstbeginn war immer um 6:00 Uhr morgens in der Außenstelle in Dortmund, und zu dieser nachtschlafenden Zeit erlebte man den Ruhrschnellweg nach Dortmund noch als Schnellweg. Natürlich war zu dieser Zeit in der Außenstelle keiner anzutreffen. Als Reiseleiter hatten wir

Erinnerungsfoto von mir auf dem Führerstand der VT 601.

einen Schlüssel zum Heizölkeller der Außenstelle, in dem der Koffer mit den Papieren, Musikkassetten, Fahrkartenzange usw. zur Abholung deponiert wurde. Mit zwei Betreuern, die meist um diese Zeit pünktlich zum Dienstbeginn erschienen, ging es in die Mittelgruppe des Betriebsbahnhofs, wo unsere VT schon auf uns wartete. Beheimatet war die VT in Hamm und der Hammer Lokführer hatte somit noch viel früher Dienstbeginn als wir, um den Zug nach Dortmund zu überführen. Da die VT zwei Triebköpfe hatte, also vorne und hinten, wurden immer zwei Lokführer eingesetzt. Der zweite war meistens ein Dortmunder Lokführer. Das hatte auch den Vorteil, dass in Sackbahnhöfen schon vorher der zweite Lokführer auf den anderen Führerstand ging und so der Zug schnell die Fahrtrichtung ändern konnte. Der gerade nichtfahrende Lokführer führte auch immer, wenn nötig, kleine Reparaturen während der Fahrt an dem Fahrzeug aus. Was bei dem Alter der VT häufig vorkam.

Der VT 601.

Planmäßige Abfahrt im Dortmunder Hauptbahnhof war immer um 7:02 Uhr. In den ersten Jahren stieg hier zur Bewirtschaftung ein Minibarfahrer mit seinen Gerätschaften ein. Er besetzte die Küche des ausgezeichnet ausgestatteten Speisewagens mit seiner Karre und dem dazugehörigen Getränkebestand. Dieser Bewirtschaftungsexperte mit seiner Minibar fuhr bis Heidelberg oder Aschaffenburg, je nachdem wo der Zug hinfuhr, und wechselte dort in den Gegenzug zurück nach Dortmund. Wir Reiseleiter sollten vor dem Verlassen der Minibar durchsagen, dass sich unsere Fahrgäste, um nicht zu verdursten, für den Rest der Strecke mit Getränken eindecken sollten. Machten wir aber nicht, denn jetzt begann unsere Bewirtschaftung im Speisewagen. In der Küche befand sich eine bestens funktionierende Kaffeemaschine. Die Zeit des Pulverkaffees aus der Minibar war jetzt vorbei. Nun gab es Käsekuchen, gedeckter Apfelstrudel und Kirschstreusel. Und das mit einem Klecks Sahne aus der Sprühflasche und als Gag kam über die Sahne noch ein Spritzer Eierlikör. Unsere Gäste aus dem Ruhrgebiet bekamen im nun vollbesetzten Speisewagen auf einmal wieder Heimatgefühle, bevor sie im Bayerischen Wald ankamen.

Später wurde dann von der Deutschen-Speisewagen-Gesellschaft in der VT ein Koch eingesetzt und wir Reiseleiter angewiesen, in der Mittagszeit beim Servieren zu helfen. Das Speiseangebot entsprach zwar immer noch nicht unserem Luxuszug, aber es gab wenigstens etwas Warmes zum Essen – verschiedene Sorten Eintöpfe. Diese Dosen mit Suppen sollten in einem Topf mit heißem Wasser erhitzt werden, später geöffnet und der Inhalt dann in einen großen tiefen Pappteller zum Servieren geschüttet werden. Aus der Speisewagenküche hörten wir dann öfters Schreie, wenn der Koch sich beim Herausholen der Dosen aus dem Wasserbad die Finger verbrannt hatte oder eine Knallerei, wenn die Dosen im Wasserbad geplatzt waren.

Noch später entschloss sich die Speisewagengesellschaft, den Speisewagen in der VT besser zu bewirtschaften. Auch mit einem größeren Personaleinsatz. Nun fuhren Oberkellner oder Oberstewardess zum Servieren und ein Koch oder eine Köchin mit. Das Angebot wurde vergrößert und verbessert. In Dortmund lieferte die DSG zum Frühstück frische Brötchen an; neben den Eintopf-Gerichten gab es auch die bekannten Rindsrouladen mit Butterkartoffeln und das Hühnerfrikassee mit Reis, natürlich alles aus der Dose, immer noch serviert in Einweggeschirr.

Bis Bonn-Beul hatten wir fast alle Reisende an Bord. Wir fuhren rechtsrheinisch. Nun konnten alle Gäste im Zug über Lautsprecher begrüßt, die Betreuer vorgestellt und mitgeteilt werden, wie unsere Fahrt verläuft, auch dass es in der Mitte des Zuges einen Speisewagen gibt und sich das Personal der DSG über einen Besuch im Speisewagen freuen würde. Nach der Begrüßung noch schnell die Musikkassette gewechselt. Der Kassettenrekorder in der VT hatte ein Auto-Reverse-System, das hieß, die Kassette musste nicht umgedreht werden und schaltete sich auch nicht am Ende aus, sondern lief immer weiter. Ein Kollege meinte einmal zu mir, wenn die Fahrgäste im Zug alle mitsingen, solltest du mal die Kassette wechseln. Das Dienstabteil war immer im Triebkopf des Zuges, und somit auch nicht weit vom Führerstand der Lok entfernt. Man ging durch einen Gepäckraum, dann am sogenannten Hilfsdiesel vorbei, der die Stromversorgung des Zuges sicherstellte, dann eine kleine Treppe hoch, und schon war man bei den Lokführern.

Viele Lokführer kannte ich noch aus meiner Praktikantenzeit im Dortmunder Betriebsbahnhof, in dem die Lokführer ausgebildet wurden. Mit ihnen musste ich als Praktikant in der Lokhalle Fristenarbeiten an den E-Loks 110, 140 und der Sanella-Lok 112 – die Lok hieß wegen der gleichen Farben wie die Margarine bei uns so – durchführen. Die meiste Zeit wurden dabei die Stromschienen in den E-Loks geputzt.

Hier vom Führerstand aus sahen wir die unzähligen Eisenbahnfreunde neben der Stecke, bewaffnet mit ihren Kameras, oft auf Trittleitern stehend, wie sie unseren schönen Zug fotografierten. Oft wurde ich von Eltern angesprochen, die mit ihren Kindern im Grundschulalter in den Urlaub fuhren, ob sie denn mal mit ihren Kindern nach vorne zum Lokführer durften. Durften sie fast immer. Einmal war eine junge Mutter mit ihrem Sohn vorn mit mir auf dem Führerstand. Nachdem der junge Mann sich alles interessiert angesehen hatte, kam natürlich vom Lokführer die obligatorische Frage, ob er denn jetzt auch Lokführer werden wolle. Die schnelle, aber verlegene Antwort war nein, ich werde Polizist. Nun war die Mutter um Aufklärung bemüht. Ihr Sohn hatte nämlich vor kurzem, als ihm langweilig war, die Feuerwehr angerufen mit dem Hinweis, dass das Nachbarhaus in Flammen stehen würde, was natürlich nicht stimmte. Da die Polizei bei Falschmeldungen versucht, die Verursacher herauszufinden, stand bei ihnen am nächsten Tag die Polizei vor der Tür und verhörte den jungen Mann. Die Eltern zahlten den Feuerwehreinsatz und der Junge bekam, da er ehrlich war, einen Teddybären mit Polizeimütze geschenkt.

Vor Koblenz wechselte unser Zug die Rheinseite, und bevor wir den Koblenzer Hauptbahnhof erreichten, ging unsere Fahrt am Atomkraftwerk Mülheim-Kärlich vorbei. Ein Kollege meinte einmal, wenn das Kraftwerk in Betrieb geht, sollten wir alle eine Gefahrenzulage beantragen, denn egal mit welchem Zug auch immer wir Richtung Süden fuhren, an Mülheim-Kärlich führte kein Weg vorbei.

Der VT 601 im Hauptbahnhof Köln.

Fahrt mit dem VT 601 von Augsburg nach Ulm. Foto aus dem Führerstand der hinteren Zugeinheit.

Hinter Koblenz dann wieder über den Rhein nach Niederlahnstein. Jetzt begann die schönste Strecke für unsere Fahrgäste auf dem Weg in ihren Urlaub, vorbei an vielen Burgen und sagenumwobenen Felsen direkt am Rhein oder oberhalb des engen Rheintals. Um unseren Gästen die Reise in ihren Urlaub so interessant wie möglich zu gestalten, waren wir angehalten, auf die Sehenswürdigkeiten rechts und links der Strecke hinzuweisen. Wir nannten diesen Service: die Rheinbeschreibung. Und diese Rheinbeschreibung begann bei mir mit der Durchfahrt von Lahnstein mit dem berühmten Wirtshaus an der Lahn, direkt an der Lahn, die hier in den Rhein mündete. Goethe kehrte hier schon 1774 ein. Auf der anderen Seite der Lahn, oberhalb von Oberlahnstein, die vom Mainzer Erzbischof 1226 gebaute Burg Lahnstein. Auf der anderen Rheinseite dann Schloss Stolzenfels. Mit dem Bau dieser Zollfeste wurde 1250 begonnen. Um diese Zeit war ein richtiger Bauboom am Rhein zu verzeichnen. Allerdings eroberten und zerstörten danach

Einfahrt des VT 601 in den Bahnhof von Kufstein.

die Franzosen die Festung im Jahr 1689. Die Ruine schenkte die Stadt Koblenz dem späteren Preußenkönig Friedrich Wilhelm IV. Er ließ die Burg durch den berühmten preußischen Baumeister Karl Friedrich Schinkel 1842 wieder neu aufbauen.

Dann die Durchfahrt durch Braubach mit der oberhalb gelegenen Marksburg. Wie alle rechtsrheinisch gelegenen Burgen sind diese nur durch Verrenkungen am in Fahrtrichtung linken Fenster des Zuges zu sehen gewesen. Die Marksburg hieß anfangs Burg Brubach und musste im 15. Jahrhundert mit der Errichtung der Burgkapelle, die dem Heiligen Markus geweiht wurde, umgetauft werden. Ebenfalls um 1200 erbaut, aber von Zerstörungen verschont geblieben. Nachdem auf der anderen Rheinseite Boppard zu sehen war, fuhren wir durch Kamp-Bornhofen. Hier musste man schon steil nach oben schauen, um die Burgruinen Liebenstein und Sterrenberg zu sehen. Bekannter sind diese beiden Burgruinen unter dem Namen „die Feindlichen Brüder“.

Im Abteil des VT 601 während der Leerfahrt von Dortmund nach Innsbruck.

Die Sage erzählt, dass zwei Brüder, die auf diesen Burgen wohnten, im gegenseitigen Hader anstatt der verbindenden Brücke eine Streitmauer errichteten und sich in der Bornhofer Klosterkirche gegenseitig töteten.

Während der Durchfahrt von St. Goarshausen tauchte auf der anderen Rheinseite St. Goar mit der oberhalb gelegenen Burgruine Rheinfels auf. 1245 erbaut und ebenfalls 1797, wie vieles in dieser Gegend, von den Franzosen zerstört. Der Heilige St. Goar, ein Einsiedlermönch, im 6. Jahrhundert hier lebend, leistete alle zu Wasser oder zu Lande Vorbeikommende Hilfe. Er wurde aber nicht, wie man meinen sollte, der Schutzpatron der Reisenden oder Schiffer, sondern der Schutzpatron der Gastwirte. Oberhalb von St. Goarshausen die Burgen Katz und Maus. Erstere gehörte den Herren von Katzenelnbogen, die der benachbarten Deurenburg den Spottnamen Maus gaben. Und diese Namen haben sich bis heute durchgesetzt. Bevor es in den Tunnel unter dem Loreleyfelsen ging, war lag die Loreley direkt am Rheinufer. Die in Frankreich lebende russische Bildhauerin Natascha Alexandrovna Prinzessin Juspov hatte im Jahre 1982 die Skulptur der Loreley geschaffen. Auf Wunsch der Künstlerin wurde in einem Vertrag zwischen der Loreleystadt St. Goarshausen und der Bildhauerin der Standort auf der Mole des Loreley-Hafens festgelegt und nicht oben auf dem Loreleyfelsen, wo nach Heinrich Heine die Loreley als eine Art Nixe, die gleich einer Sirene durch ihren Gesang und ihre Schönheit die Rheinschiffer in ihren Bann zieht, woraufhin diese durch die gefährliche Strömung und die Felsenriffe umkamen, manchmal aber auch vom Heiligen Goar gerettet wurden. Uns konnte die Loreley nichts anhaben, wir sahen nur die Skulptur und dann das Dunkel des Loreleytunnels.

Im Rhein vor Oberwesel liegen über und unter dem Wasser sieben größere und kleinere Felsenstücke. Dies sollen der Sage nach einmal sieben Jungfrauen (Hungersteine) gewesen sein, die auf Schloss Schönberg wohnten. Viele Ritter hielten um ihre Hand an, doch sie wiesen alle Kandidaten kalt ab. Wegen ihrer beharrlichen Weigerungen, auch nur einen Freier zu erhören, wurden sie dazu verurteilt, so lange als Felsen im Rhein zu liegen, bis sie ein Fürst aus dem Strom bergen und aus ihnen eine Kirche bauen würde. Bei stillem Wetter und dem Rieseln des Flusses will man sie zuweilen klagen hören, aber bisher hat sich noch kein Fürst gefunden, der sie erlösen wollte. Zu sehen waren diese Jungfrauen vom Zug aus nur bei Niedrigwasser. Dann auf der anderen Rheinseite Oberwesel mit der gut erhaltenen Stadtbefestigung und darüber die Schönburg, die Heimat der sieben Jungfrauen. Bei der Durchfahrt von Kaub mitten im Rhein machte ich auf die Insel Pfalz mit ihrer Festung Pfalzgrafenstein aufmerksam. Hier in Kaub hat Blücher in der ersten Januarwoche des Jahres 1814 den Rhein überquert. Unter seinem Kommando überquerten innerhalb von nur fünf Tagen rund 50.000 Soldaten, 15.000 Pferde und 182 Geschütze der Schlesischen Armee von Kaub aus den Rhein und drängten im weiteren Verlauf ihres Vormarsches die nach der Völkerschlacht bei Leipzig geschwächten napoleonischen Truppen immer weiter zurück. Danach gehörte das Königreich Preußen beim Wiener Kongress zu den Siegermächten. Da es bis Bacharach mehrere Inseln im Rhein gibt, dürfte für Blücher hier der beste Ort gewesen sein, um den Rhein zu überqueren. Dann auf der anderen Rheinseite Bacharach mit der Burg Stahleck, in der bis 1253 die Pfalzgrafen wohnten. Wir fuhren weiter durch Assmannshausen, dem Rotweinort am Rhein und dann an Rüdesheim vorbei, mit seiner bei vielen Touristen beliebten Drosselgasse, die vom Zug aus zu sehen ist. Mit dem Hinweis auf das oberhalb von Rüdesheim gelegene Niederwalddenkmal, das 1876–83 zur Erinnerung an die 1871 erfolgte Einigung Deutschlands erbaut wurde, endete meine Rheinbeschreibung.

Einmal hatten wir im ersten Großraumwagen Fluggäste der Lufthansa an Bord, da der Lufthansa-Airport-Express, der als Ersatz für Kurzstreckenflüge auf der Verbindung von Düsseldorf zum Flughafen Frankfurt am Main eingesetzt wurde, wieder einmal defekt war. Diese Flugverbindung mit der Eisenbahn nutzten viele Fluggäste hauptsächlich aus Japan und den USA, um ihre Flugreise mit einem touristischen Detail zu bereichern. Als ich nach meiner Rheinbeschreibung in diesen Großraumwagen direkt hinter meinem Dienstabteil kam, wurde ich von den Fluggästen mit Applaus empfangen. Wie ich hörte, hatte die mitfahrende Lufthansa-Stewardess alles vortrefflich ins Englische übersetzt. Bemängelt wurde jedoch, dass es auf dieser Strecke keinen Rheinwein zu trinken gab.

Kurz vor Mainz-Kastell, auf der rechtsrheinisch hessischen Seite gelegen, ging es wieder über den Rhein in die rheinlandpfälzische Hauptstadt Mainz. Mainz ist nicht nur als karnevalistische Hochburg (Mainz wie es singt und lacht) bekannt, sondern auch durch Johannes Gensfleisch, genannt Gutenberg, der als Erfinder des modernen Buchdrucks mit beweglichen Metalllettern und der Druckerpresse bekannt ist. Die Verwendung von beweglichen Lettern ab 1450 revolutionierte die herkömmliche Methode der Buchproduktion und löste in Europa

Der VT 601 nach Dortmund und Hamburg in Rosenheim vor.

eine Medienrevolution aus. Gutenberg wurde in Mainz geboren und starb am 3. Februar 1468 ebenfalls in Mainz.

Während einer Fahrt mit der VT hatten wir wegen einer Signalstörung einen etwas längeren Aufenthalt im Mainzer Hauptbahnhof. Mein Reiseleiterfreund Ludger war mit im Zug, da er in Stuttgart den Kurswagen Stuttgart–Neapel fahren sollte. Wir standen also gelangweilt auf dem Bahnsteig, Lokführer Heiko war mit draußen und lehnte an seinem Triebfahrzeug. In unmittelbarer Nähe auch zwei Bahnpolizisten. Auf einmal meinte Ludger in Richtung der Bahnpolizisten: „Wenn wir gleich losfahren, kann es Ärger geben, wenn sich jemand an unserer

Und beim Zusammenkoppeln.

Lok anlehnt." Mit spitzen Ohren kamen die Bahnpolizisten angerannt und meinten zu Heiko, er solle mal von der Lok weggehen. Heiko entgegnete, er dürfe an dieser Lok stehen, er sei schließlich der Lokführer. Geglaubt wurde ihm das nicht, denn er hatte, da es auf dem Führerstand im Sommer richtig warm werden konnte, Bermuda-Shorts und so was wie ein Hawaihemd an. Um die Diskussionen zu beenden, holte ich vom Führerstand Heikos Brieftasche mit Dienstausweis, Dienstplan und Führerschein mit Streckenkenntnis. Danach konnten wir alle amüsiert lachen, das Signal funktionierte wieder und es ging wieder einmal über den Rhein nach Frankfurt.

In Frankfurt dann Lokführerwechsel. Die Hammer Lokführer hatten Pause und warteten auf den VT-Gegenzug zurück nach Dortmund. Die Frankfurter Lokführer fuhren uns jetzt bis Nürnberg.

Die ersten Gäste verließen uns zwischen Frankfurt und Würzburg in der Schneewittchenstadt Lohr a. Main – umgeben von sieben Bergen und inmitten herrlicher Spessartwälder. Hier im Spessart hatten viele Hüttenwerke aus dem Ruhrgebiet Ferienheime für ihre Arbeiter mit ihren Familien. Organisiert wurden diese Reisen unter dem Begriff „Industrieturnus". Und mit Sicherheit erging es ihnen nicht, wie Comtesse Franziska, die mit ihrem Verlobten, Baron Sperling, unterwegs nach Würzburg war, als ihre Kutsche im nächtlichen Spessart liegenblieb. Die junge Dame folgte arglos dem Rat zweier Galgenvögel, in einem nahen Wirtshaus zu übernachten. Dieses entpuppte sich jedoch als Räuberhöhle. Dieses legendäre Wirtshaus im Spessart gibt es allerdings nur in der Filmkomödie aus dem Jahre 1958 mit Lieselotte Pulver.

Nach Würzburg dann Ankunft in Nürnberg. Hier wartete schon der aus Hamburg kommende Zug nach Grafenau. Unsere Gäste nach Grafenau stiegen hier um in den Zug aus Hamburg und die Hamburger Gäste nach Bodenmais kamen rüber in unseren Zug. Nach dem Umstieg wurden die beiden VT-Einheiten zusammengekoppelt und es ging 20-teilig weiter auf der Hauptstrecke bis Plattling, am Fuße des bayerischen Waldes. Seit Nürnberg fahren jetzt die Münchener Lokführer unseren langen Zug aus zwei VT-Einheiten.

Von Plattling schlängelte sich die VT-Einheit hinauf in den Bayerischen Wald. Vom Führerstand sah man oft Schilder neben dem Gleis mit der Aufschrift „LP“. Auf meine Frage an den Lokführer, was das zu bedeuten hätte, meinte er, dies wäre die Abkürzung für „Läuten, Pfeifen“. Also wurde bei Auftauchen dieser Schilder die Pfeife oder Hupe der Lok betätigt. An manchen unbeschrankten Bahnübergängen auf dieser Strecke musste einer der Lokführer aussteigen und bei Bedarf den Autoverkehr aufhalten. Am Imposantesten war es, als wir die Ohebrücke bei Regen befuhren. Ein beliebtes Fotomotiv für Eisenbahnfreunde unten im Tal an der Schlossauer Ohe. Nach der Ankunft in Zwiesel wurden die beiden Einheiten getrennt. Die Hamburger fuhren weiter nach Grafenau und wir entgegengesetzt nach Bodenmais. Vereinzelt kam es ab 1983 bei Fahrten von Dortmund nach Bodenmais zu der kuriosen Situation, dass die Schienenbusse der Züge N 8470 und N 8475 durch den Alpen-See-Express-Zug in Bodenmais blockiert waren. Daher wurden diese Sonderfahrten zwischen Zwiesel und Bodenmais für den allgemeinen Verkehr freigegeben, um einen Ersatz zu schaffen. Im darauffolgenden Jahr wurde jedoch die Fahrplanlage des Nahverkehrszugs verändert, so dass dies nicht mehr notwendig war und die Bewohner von Bodenmais nicht mehr mit einem TEE-Zug nach Hause fahren durften. Dafür wirbt Bodenmais immer noch mit einem Foto des Alpen-See-Express im Bahnhof von Bodenmais als beliebter Ferienort im Bayerischen Wald. Wir fuhren aber ganz schnell als Leerzug zurück nach Zwiesel.

Da die Strecke nach Bodenmais von Zwiesel wesentlich kürzer ist als die Strecke von Grafenau nach Zwiesel, hatten wir genug Zeit, um im Bahnhofsrestaurant auf dem Bahnsteig zu Abend zu essen und hier auf den Hamburger Zug zu warten. Nach Ankunft des Zuges aus Grafenau wurden beide Einheiten wieder zu einem 20-teiligen Zug vereinigt. Jetzt ging es, im Speisewagen sitzend, mit dem leeren Zug durch den Abend zum Bahnbetriebswerk München Ost in Berg am Laim.

In München Ost angekommen, wurden erst einmal die beiden Einheiten wieder voneinander getrennt und hintereinander in das Betriebswerk an der S-Bahn-Station Berg am Laim gefahren. Hier gab es neben den Hallen zwei Gleise nebeneinander extra für die VT-601-Einheiten.

Hamburger und Dortmunder VT-Einheit zur Übernachtung im BW München Ost Berg am Laim.

Die Züge kamen an die sogenannte Sammelschiene, das heißt, sie wurden mit einem Kabel von außen mit Strom versorgt. In einem Abteilwagen blieb die Klimaanlage während des gesamten Aufenthaltes eingeschaltet. Hier konnte das Personal auf den ausgezogenen Sitzen schlafen. Decken, Kissen und Laken waren immer im Reiseleiterdienstabteil dafür gelagert. Wer wollte, konnte auch in den Personalräumen der angrenzenden Lokhalle duschen. Auch wurden hier in München die Triebfahrzeuge betankt. Jeder Tank in den jeweiligen Triebköpfen hatte ein Fassungsvermögen von 2.500 Liter. In der Regel wurden die Triebköpfe hier mit ca. 1.200 Liter Diesel betankt. In den frühen Morgenstunden verließen die Einheiten das Betriebswerk zu ihren neuen Einsätzen. Unsere Dortmunder VT fuhr nach Seebrugg und meine Hamburger Kollegen sollten vor Lindau wach und ausgeschlafen sein.

Wenn ich gefragt wurde, wo ich denn wieder mit dem Zug unterwegs gewesen wäre, und ich sagte, ich war in Seebrugg, wurde ich meistens entgeistert angesehen mit der Frage: „Wo ist denn das?“ Seebrugg ist eigentlich kein Ort, sondern nur ein Sackbahnhof direkt am Schluchsee. Und der Schluchsee liegt in der Nähe vom Feldberg, dem höchsten Berg im Schwarzwald. In Seebrugg kamen auch kaum Gäste, erst an den nächsten Stationen Feldberg-Bärental und Titisee, am gleichnamigen See gelegen. Dann ging es weiter nach Donaueschingen, wo wir auf die Hamburger Einheit aus Lindau warten mussten. Zusammen mit der Hamburger-VT-Einheit überquerten wir den Schwarzwald Richtung Offenburg, über Villingen, Triberg, Hausach und Steinbach, wo all unsere Schwarzwaldurlauber zustiegen.

Leider sind wir nicht die südliche Strecke Richtung Freiburg gefahren, wesentlich näher an der Schwarzwaldklinik. Sicherlich hatten unsere Gäste einen Ausflug ins Glottertal unternommen, um die Wirkungsstätte von Professor Brinkmann mit Schwester Christa zu besichtigen. Im Schwarzwald wurden allerdings nur die Außenaufnahmen der Serie gedreht, alle Innenaufnahmen fanden in einem Hamburger Studio statt. Diese Umstände führten immer wieder dazu, dass Fans der Serie hinter der Fassade der Klinik tatsächlich die aus der Serie bekannten Innenkulissen vermuteten und teilweise glaubten, dort den Schauspielern begegnen zu können. Jörg Michael Herrmann, Leiter der Klinik Glotterbad, erwähnte in dem Interview bei ZDF-de, dass sich sogar promovierte Chirurgen und Anästhesisten für eine Stelle in der Klinik beworben hätten, obwohl die nicht einmal über einen Operationssaal verfügte.

In Offenburg erreichten wir die Hauptstrecke von Basel, die letzten Gäste stiegen ein. Jetzt war Zeit für die Fahrkartenkontrolle. Da wir keinen Zugführer an Bord hatten, wurden wir Reiseleiter mit der Fahrkartenkontrolle beauftragt. Während der Kontrolle bekamen unsere Gäste auch direkt von uns Auskünfte über Anschlüsse, wenn sie nach dem Ausstieg aus unserem Sonderzug mit anderen Zügen weiter nach Hause fahren mussten. Wie die Zugführer in den normalen Zügen hatten

Betankung des Triebwagens VT 601.

wir auch eine Zange, um die Fahrkarten abzuknipsen. Vorher wurde die Zugnummer Dt 13304, das Datum und die Tageszeit der Zangennutzung (V für vormittags, M für mittags, N für nachmittags und A für abends), eingestellt. Für eventuelle Unklarheiten hatten wir das „Eisenbahner Verkehrsblatt", die Bibel der Bundesbahner, immer griffbereit.

Eigentlich hatte jeder einen Fahrtausweis mit der Buchung der Reise bekommen. Es gab aber Ausnahmen. Die Begleitung von Schwerbehinderten durfte umsonst mitfahren. Das war allerdings wenigen bekannt. So zeigten mir Gäste ihren Schwerbehindertenausweis und meinten, mit dem könnten sie umsonst mitfahren. Wir regelten dieses Problem recht unkonventionell. Die Begleitung gab dem schwerbehinderten Gast seine Fahrkarte und gab sich als Begleitperson aus. So war

Lokführer Heiko aus Hamm fährt den VT 601 nach Dortmund.

alles geregelt. Einmal saßen in einem Abteil drei Ehepaare. Ein Ehepaar hatte einen großen Schäferhund dabei. Da ich in der Nähe noch ein Abteil frei hatte, platzierte ich das Ehepaar mit dem Schäferhund in dieses freie Abteil um. Alle bedankten sich, nur das Ehepaar mit dem großen Hund nicht. Bei der Fahrkartenkontrolle bat ich das Ehepaar mit dem Hund, mir die Fahrkarte für den Hund zu zeigen. Hatten sie nicht. Hunde, egal wie groß, benötigen im Zug eine Kinderfahrkarte. So wurde von mir eine Nachlösung ausgestellt. Bei der Kontrolle im Großraumwagen wurde ein in einer Tasche sitzender Dackel diskret unter den Sitz geschoben. Diesen Schwarzfahrer beachtete ich nicht.

In Darmstadt dann die endgültige Trennung vom Hamburger Zugteil. Beide fuhren wir zwar über Frankfurt Main Hbf weiter, aber in diesem Sackbahnhof wäre das Rangieren zu aufwendig gewesen. In Frankfurt kamen unsere Lokführer aus Hamm und Dortmund und wir wollten alle schnell nach Hause. Die Betreuer zeigten ihre Belegungsliste mit den Eintragungen, wo welche Gäste ausstiegen. Wir hielten schließlich nur noch zum Aussteigen. Wenn wir rechtsrheinisch fuhren und in Wiesbaden kein Ausstieg war, baten wir die Fahrdienstleitung telefonisch vom Führerstand aus, ob wir uns den Abzweig nach Wiesbaden nicht sparen könnten. Oft klappte das und ergab eine Zeitersparnis von mindestens 30 Minuten. Einmal dachte die Fahrdienstleitung, das wäre immer so und schickte uns an Wiesbaden vorbei, obwohl wir Ausstiege für Wiesbaden hatten. Zum Glück mussten wir nicht zurückfahren, sondern hielten in Eltville und die Gäste fuhren mit einem Nahverkehrszug von dort zurück nach Wiesbaden. Der nächste kritische Punkt war Sinzig hinter Koblenz. Hier sollten uns zwei Intercityzüge planmäßig überholen und wir zwanzig Minuten planmäßig warten. Wenn wir früh genug in Sinzig waren und die Intercitys Verspätung hatten, wir mangels Ausstieg in Bonn durchfahren konnten, dann hatten wir die Trumpfkarte und konnten eine Stunde früher in Dortmund sein, was eigentlich selten war, aber schon vorkam.

Einmal hatte ich eine Schwarzfahrerin im Zug. In Offenburg stieg meine Cousine Barbara aus Rheinfelden ein, auf dem Weg zum Verwandtenbesuch im Ruhrgebiet. Auf dem Führerstand bat ich den zweiten Lokführer, in Barbaras Abteil zu gehen, sie nach der Fahrkarte zu fragen und sie dann hier auf den Führerstand zu bringen. Barbara kam dann im Schlepptau des Lokführers mit hochrotem Kopf im Führerstand an. Sie meinte dann, diesen Moment werde sie im Leben nie vergessen.

Gegen 21:00 Uhr erreichten wir, oft früher, unsere Endstation Dortmund Hbf. Zwei Tage in dem schönsten Zug der Bundesbahn waren wieder einmal vorüber.

Kapitel 19

Zur gekrönten Madonna

Mit dem Vertrag für die Sommersaison wurden mir immer mindestens zwei Einsätze nach Lourdes zugestanden. Einige festangestellte Reiseleiter hatten ein Monopol auf ihre Lourdes-Züge. So war z. B. Lothar Fischer immer für die Züge des Kölner Lourdes-Vereins verantwortlich und Siggi Resmer für die Züge des Marianischen Missionsvereins. Diese Tradition der Verantwortlichen für bestimmte Lourdes-Züge durfte nicht gebrochen werden. Auch deshalb, weil die Pilgervereine Ansprechpartner und Verantwortliche im Zug haben wollten, die sie kannten und die wussten, worauf viel Wert während einer Zugfahrt nach Lourdes gelegt wurde. Ich bin mit beiden gefahren, aber immer mit dem Marianischen Missionsverein.

Da die Bewirtschaftung des Zuges hauptsächlich durch uns erfolgte, waren viele Vorbereitungen zu treffen. Der Zug musste einen Tag vor Abfahrt in der Mittelgruppe des Betriebsbahnhofes bereitgestellt werden, da man hier mit einem Auto direkt ans Gleis fahren konnte. Im Supermarkt oder Großhandel musste die benötigte Anzahl Paletten mit Dosengetränken bestellt werden sowie Pulverkaffee, Plastikbesteck, Einwegbecher und -tassen. Ein Transporter musste gemietet werden. Und was ganz wichtig war – das Personal auf dem Stellwerk zur Mittelgruppe im Betriebsbahnhof musste informiert werden, wann wir mit dem Transporter an den Zug wollten. Für die Bereitschaft, uns in die Mittelgruppe zu lassen und die Schranke zu öffnen, bedankten wir uns mit einer Flasche Wodka oder Sliwowitz, welche von den Reisen nach Olsztyn oder Rijeka mitgebracht wurden. Unser Pilgerzug bestand aus normalen Liegewagen, dazu in der Mitte des Zuges ein Liegewagen mit Küchenabteil und ein Liegewagen mit Reiseleiterabteil, von dem Durchsagen im Zug gemacht werden konnten.

Unsere Pilgerreise mit dem Marianischen Missionsverein ging von Dortmund über Marseille nach Lourdes und zurück von Lourdes über Nevers nach Dortmund. Wir waren zu dritt, Siggi, seine Frau Gerlinde und ich. Die Pilgerzüge nach Lourdes blieben während des gesamten Aufenthaltes, meistens fünf Tage, am Endbahnhof und wurden nicht zurückgeführt. Auch das Personal blieb in Lourdes, da sich eine Rück- und Wiederanreise nicht lohnte. Dadurch wurden die Reiseveranstalter verpflichtet, das SBG-Personal in den Hotels am Zielort unterzubringen und auch oft in die Vollpension der Pilger mit aufzunehmen.

Am Abreisetag stand der Pilgerzug schon früh in der Wagenhalle des Betriebsbahnhofs, um gereinigt zu werden und kleine Mängel an den Wagen zu beseitigen. Die vom Veranstalter bestellten Frühstücks- und Lunchpakete wurden geliefert und in den einzelnen Dienstabteilen der Wagen verstaut. Wir hatten mit dem Aufrüsten, dem Verteilen der Decken und Kissen in die Abteile zu tun. Dem Wagen mit dem Reiseleiterabteil musste besondere Aufmerksamkeit geschenkt werden. Dieser Wagen war den Veranstaltern vorbehalten, hier wurden keine Pilger untergebracht. Ein Abteil nur mit aufgebautem Tisch für Gespräche, Schlafabteile für die Pilgerleitung und für uns zwei Abteile am Ende des Wagens, direkt in Richtung Übergang zum Küchenwagen. Der Pilgerleiter, Pater Doeing von den Hünfelder Oblaten des Marianischen Missionsvereins, kam mit seinem Sekretär, Bruder Günther, wie immer sehr früh in unsere Außenstelle nach Dortmund und auch früh zu unserem Pilgerzug in der Wagenhalle. Informationsschriften, Liederbücher und Hefte mit dem Wallfahrtsprogramm, die später verteilt werden sollten, mussten rechtzeitig zum Zug gebracht werden.

Obwohl der Marianische Missionsverein seinen Sitz in Mainz hat, stiegen im Ruhrgebiet schon Pilger, aber auch Brüder der Hünfelder Oblaten als Betreuer der Pilger ein. Viele Brüder hatten ihre Wirkungsstätte in Klöstern, Schulen und Altenheimen im Ruhrgebiet. Hinter Mainz waren alle Pilger an Bord. Es wurde gesungen und gebetet. Wir verkauften unsere Getränke und unterhielten uns mit unseren Gästen. Viele, gerade auch aus den ländlichen Bereichen von Rheinland-Pfalz, erzählten, dass sie das ganze Jahr zum Beispiel eine Sau gemästet hätten, um diese Pilgerreise nach Lourdes zu finanzieren. Manche berichteten, sie würden auf diese Pilgerreise gehen, um für ihre kranken Angehörigen zu beten und in Lourdes um Linderung für sie zu bitten. Auch gab es sprachliche Barrieren. Auf die Frage, was sie denn zum Trinken wünschten, kam oft die Antwort, sie möchten etwas Saures. So, dachte ich, Saures wäre gleichzusetzen mit Limonade mit Zitronengeschmack. Weit gefehlt, die Dose mit Zitronenlimonade wanderte wieder in meinen Verkaufskorb und stattdessen suchte man sich eine Dose mit Mineralwasser, aber mit Kohlensäure, aus. Vor der Nachtruhe im Zug verteilten wir die Frühstückskartons mit einem Becher für den Kaffee am nächsten Morgen. Unsere Nachtfahrt Richtung Marseille ging über Kehl, Straßburg, Lyon-Brotteaux. Vor der Ankunft am frühen Morgen zogen wir mit Thermophoren mit heißem Wasser durch den Zug, in der Hoffnung, alle hätten ihren Pulverkaffee aus dem Frühstückskarton schon in ihre Becher gefüllt.

Ankunft am frühen Morgen im Hauptbahnhof Marseille Saint-Charles. Wir fragten uns, warum geht eine Pilgerfahrt nach Lourdes über die Hafenstadt Marseille? Der Gründer der Oblaten der Makellosen Jungfrau Maria (OMI), in Deutschland auch Hünfelder Oblaten genannt, Eugène von Mazenod, verstarb 1861 als Bischof von Marseille. Und vom Bahnhof sah man Notre-Dame de la Garde, im Volksmund La Bonne Mère – „die gute Mutter“ genannt, auf einer 161 m hohen Anhöhe als weithin sichtbares Wahrzeichen der Stadt, das Ziel unserer Pilger, denn Eugène de Mazenod hatte am 11. September 1853 als Bischof den Grundstein für diese Kirche gelegt.

Frühstückszubereitung in Marseille, bevor unsere Pilger zum Zug zurückkommen.

Wir hatten jetzt viel zu tun. Zuerst die leeren Frühstückskartons und den anderen Müll einsammeln und auf den Bahnsteig stellen. Der Bahnsteig war voll mit unseren blauen Müllsäcken, die aber schnell vom Reinigungspersonal des Bahnhofs abgeholt wurden. Dann die Decken und Kissen einsammeln und in den Dienstabteilen verstauen. Da unsere Pilgerleitung vor der Ankunft im Bahnhof von Marseille eine Durchsage machte, mit der sie die Pilger bat, die Kopfkissen abzuziehen, hatten wir weniger Arbeit mit dem Einsammeln der schmutzigen Wäsche. Auch verteilten wir schon die Lunchpakete zum Mittagessen in die jeweiligen Abteile. Dies ging jetzt schneller als in einem vollbesetzten Zug. Danach endlich Pause für uns. Da der Küchenwagen gut ausgestattet war, konnten wir uns Filterkaffee aufbrühen, Spiegeleier braten und sonst noch einiges aufwärmen. Zu den Lunchpaketen der Pilger bekamen wir immer einen großen Karton mit Reserveutensilien geliefert. Dazu gehörten zum Beispiel verpackte Mandelhörnchen oder Dosen mit Flämischen Kartoffelsalat. Der Flämische Kartoffelsalat entfaltete sein Aroma erst einige Zeit nach dem Öffnen der Dose, das heißt, nach dem Öffnen roch er etwas komisch, aber danach konnte er mit nicht zugehaltener Nase verzehrt werden. Siggi kochte jetzt noch einen riesigen Topf mit Rindfleischbrühe für die Weiterfahrt.

Gegen Mittag verließen wir planmäßig Marseille Saint-Charles. Alle Pilger waren wieder im Zug und stürzten sich auf die Lunchpakete. Jetzt konnten wir unsere Rindfleischbrühe verkaufen. Die Pilgerleitung kündigte unsere Aktion an. Schließlich konnten unsere Pilger zum Lunchpaket noch etwas Warmes dazu bekommen. Siggi füllte die Suppe in Becher auf ein großes Tablett, ich eilte mit dem Tablett durch die Gänge von Abteil zu Abteil, das Tablett auf der linken Hand, mit der rechten die Gangfenster schließen, Türen öffnen und den Weg frei kämpfen, hinter mir kam Gerlinde und kassierte. Einmal kündigte die Pilgerleitung unsere Suppe als Rindfleischbrühe mit Einlage an und ich wurde gefragt, was denn die Einlage wäre? Waren es die Nudeln in der Suppe, oder der Löffel im Becher mit der Suppe. Ich meinte beides. Nach der Suppe wurde im Zug gebetet, und zwar der Rosenkranz. Erst der schmerzreiche und dann der segensreiche. Beide unterschieden sich durch die Passagen zwischen dem Gegrüßet seist du, Maria. Zwischendurch verkauften wir wieder unsere Getränke, jetzt wussten wir, was ein Saures ist. In Gesprächen beim Getränkeverkauf wurden wir gefragt, ob wir auch in Lourdes blieben und was wir dort machen würden. Wir erzählten als Scherz, dass wir dort die Wäsche aus dem Zug waschen müssten und verfielen in Diskussionen, ob nun Omo oder Persil die bessere Waschkraft hätten, oder der Weiße Riese. Auch unkten wir darüber, ob es im Abstellbahnhof von Lourdes genug Wäscheleinen zum Trocknen gäbe.

Wir fuhren durch Montpellier und Narbonne, an Carcassonne vorbei, mit seiner vom Zug aus gut zu sehenden auf einem Hügel der Altstadt gelegenen, als „Cité von Carcassonne" bezeichneten Festung. Bei der Durchfahrt von Tarbes machten sich die Pilger fertig zum Aussteigen. Lourdes war nicht mehr weit. Dann Ankunft im Bahnhof von Lourdes. Der Bahnsteig füllte sich schnell mit unseren Pilgern, die dann in Gruppen zu den auf dem Bahnhofsvorplatz stehen Bussen gebracht wurden, die sie anschließend in die Hotels fuhren. Wir blieben noch im Zug, gingen durch, schauten, ob etwas liegen geblieben ist und fuhren dann mit in die Abstellgruppe, um zu wissen, wo unser Zug während des Aufenthaltes geparkt wurde. In der Abstellgruppe standen neben französischen Pilgerzügen hauptsächlich Pilgerzüge aus Italien. Das Besondere an den italienischen Pilgerzügen war, dass sie in der Mitte des Zuges einen Gepäckwagen hatten, bestückt mit riesigen Gaskochern, um die Pilger mit Essen während der Fahrt zu versorgen. Da waren wir mit unserem Liegewagen mit Küchenabteil komfortabler ausgestattet. Danach fuhren wir mit dem Taxi in unser Hotel, dem Hotel Stella Martutina, in der Nähe des Heiligen Bezirkes, wie immer. Wie immer wurden wir von der Chefin des Hauses begrüßt und wie immer überreichten wir ihr zur Begrüßung einen Blumenstrauß, wie immer vorher gekauft im Bahnhof von Marseille.

Jetzt waren wir für fünf Tage in Lourdes, eines der weltweit am meisten besuchten Wallfahrtsorte im Südwesten von Frankreich, am Fuß der Pyrenäen, unweit der spanischen Grenze. Die ersten Wallfahrten nach Lourdes begannen mit einer Serie von Marienerscheinungen im

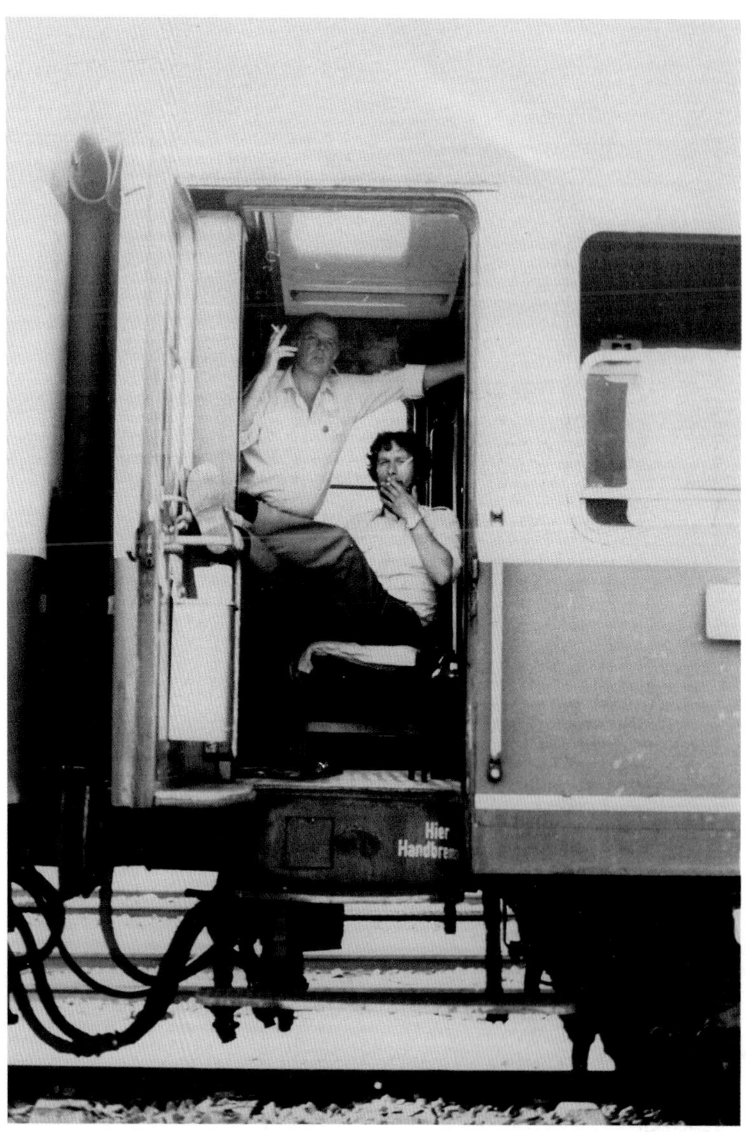

Wir genießen den Aufenthalt im Bahnhof Marseille Saint Charles.

Gerlinde ...

... und Siggi Resmer rauchend in der Wagentür, ...

Jahr 1858. So soll am 11. Februar 1858 der vierzehnjährigen Bernadette Soubirous an der Grotte von Massabielle, an der Gave gelegen, die Mutter Gottes erschienen sein, gekleidet in ein weißes Gewand mit blauem Gürtel. Während einer der insgesamt 18 Erscheinungen legte Bernadette in dieser Grotte eine Quelle frei, deren Wasser als heilkräftig galt. Untersuchungen konnten jedoch keine außergewöhnliche Mineralstoffzusammensetzung des Quellwassers feststellen, es hat immerhin Trinkwasserqualität, wie auch wir feststellen konnten. Auch wir haben es getrunken und uns einen Kaffee während der Rückfahrt probeweise mit Lourdeswasser gekocht. Natürlich mussten wir auch Lourdeswassser für die Verwandten nach Hause mitnehmen. Dieses wurde traditionell in kleinen Flaschen in Form der Gottesmutter, mit einem blauen drehbaren Krönchen über dem Kopf, an den Wasserstellen neben der Grotte abgefüllt. Tausende nehmen – im festen Glauben an eine mögliche Heilung – Bäder im Quellwasser. Bei der Schlange vor den Bädern fragten wir uns, wie die Helfer es schafften, das Wasser in den Bädern immer rechtzeitig zu wechseln.

... während ich die Sonne zwischen den Abstellgleisen genieße.

Um zur Grotte zu gelangen, geht man durch den Heiligen Bezirk. Damit bezeichnet man den Bereich in Lourdes, in dem sich neben der Grotte von Massabielle verschiedene Kirchen und das Krankenhaus für die kranken Pilger befinden. Vor der Grotte hingen viele Krücken, wahrscheinlich von geheilten Pilgern. In einer Nische der Grotte steht die bekannte Marienstatue des Bildhauers Joseph-Hugues Fabisch aus dem Jahre 1864. Sie ist in weiß und blau gehalten, angenähert an die Beschreibung der heiligen Bernadette, denn an jener Stelle soll Bernadette die Jungfrau Maria ebenfalls erschienen sein. Um die Grotte herum entstand nach und nach der Heilige Bezirk mit mehreren großen Kirchen und Plätzen, um die wachsenden Pilgerströme aufzunehmen. Das älteste Bauwerk, das zum Gedenken an die Marienerscheinungen errichtet wurde, ist die 1866 geweihte Krypta, an deren Bau auch Bernadettes Vater François beteiligt war. Die kleine Kirche hat mächtige Säulen, auf denen die 1871 vollendete, im neugotischen Baustil errichtete Maria-Empfängnis-Basilika gebaut wurde. Direkt östlich an den Sakralbau angeschlossen befindet sich die Rosenkranz-Basilika mit einer vergoldeten Krone auf der Kuppel. Von der Rosenkranz-Basilika führt der große Rosenkranz-Platz, ein Prozessions-Platz mit der gekrönten Marienstatue, weg in Richtung der 1958 zum 100-jährigen Jubiläum der Marienerscheinungen gebauten unterirdischen Basilika, ganz schlicht und funktional gehalten, die 25.000 Menschen fasst und Papst Pius X. geweiht ist.

Überall im Heiligen Bezirk stehen riesige Kerzenständer. Für ein paar Francs wurden diese Kerzen gekauft und angezündet, zum Gedenken an verstorbene Angehörige. Schilder forderten die Pilger auf, Kerzen zu kaufen und in eine extra bereitgestellte Box zu legen, damit in der Winterzeit, wenn keine Pilger in Lourdes sind, im Heiligen Bezirk die Kerzen brennen. Auch wir kauften immer eine Kerze, nicht für den Winter, sie wurde angezündet und sollte uns eine gute Rückfahrt ermöglichen. Vor einem Eingang zum Heiligen Bezirk waren Schalter, in denen Hl. Messen verkauft wurden. Auch war es möglich, nur Anteile an einer Messe zu erwerben. So wurden wahrscheinlich während einer Messe die Namen derer verlesen, für die diese Messe gehalten wurde. Beeindruckend in Lourdes ist die allabendliche Lichterprozession im Heiligen Bezirk. Im Dunkeln versammeln sich tausende Pilger aus vielen unterschiedlichen Ländern mit einer brennenden Kerze in der Hand und singen während der Prozession das Ave-Maria. Die Kerze wurde von einem vierseitigen Mantel umhüllt, zum einen, damit die Flamme durch den Wind nicht ausgeht, zum andern stand auf diesem Pappmantel der Text des Liedes in vier verschiedenen Sprachen.

In Lourdes gab es nicht nur den Heiligen Bezirk, sondern auch den weltlichen Teil. Zwei Straßen sind hier ganz besonders, beide führten vom Bahnhof jeweils zu den Eingängen des Heiligen Bezirkes. Diese Straßen bestanden nur aus Cafés, Restaurants, Bars und Andenkenläden, in denen es nicht nur die Madonnen mit dem blauen Krönchen gab, sondern Kitsch in Hülle und Fülle, z. B. Schachteln, die brüllende Kuhgeräusche von sich gaben, Delfter Kacheln mit den unterschiedlichsten religiösen Motiven und anderen vielen Souvenirs mit Lourdes-

Siggi und ich spenden für eine gute Rückreise eine Kerze im Heiligen Bezirk.

Motiven. An einer dieser Straßen befand sich ein Lokal, das immer voll war. Hier residierte Pierre, ein Kellner aus der französischsprachigen Schweiz. Sobald Tische in seinem Lokal frei wurden, rannte Pierre mit einem vollen Tablett auf den Bürgersteig gegen eine Parkuhr, die sofort umfiel, weil man vergessen hatte, diese Parkuhr im Boden zu befestigen. Ein Glück für Pierre, denn mit dieser Aktion holte er immer wieder neue Gäste ins Lokal. Gerüchten zur Folge wollte Pierre Miteigentümer dieses Lokals werden. Der Eigentümer willigte nicht ein und Pierre kündigte. Das Lokal hatte danach kaum noch Gäste und der Eigentümer musste Konkurs anmelden. Danach war Pierre alleiniger Eigentümer dieses Lokals und es florierte wieder. Wir hielten uns jedoch zumeist in dem noch weltlicheren Teil von Lourdes auf. Im Bereich an der Markthalle herum verirrten sich keine Pilger, hier waren wir unter den Einheimischen von Lourdes. Den Käsestand führte zum Beispiel eine Frau aus dem Elsass, die es der Liebe wegen nach Lourdes

Lourdes: im Heiligen Bezirk.

verschlagen hatte. Da sie sehr gut deutsch sprach, wurden wir in Sachen Käse gut beraten.

Für einen Tag mieteten wir uns fast immer ein Auto, um in die Pyrenäen und auch über die Grenze nach Spanien zu fahren. So ging es meistens zum Col du Tourmalet, dem höchsten asphaltierten Straßenpass der französischen Pyrenäen. Hier wurden die umliegenden Weiden zur Nutztierhaltung genutzt und diese Tiere wurden von den langhaarigen Pyrenäenhunden bewacht. Bekannt ist der Col du Tourmalet aber vor allem durch die „Tour de France". Als wir dort waren, waren zum Glück nur Freizeitradfahrer unterwegs. Den Abstecher auf die spanische Seite nach Bielsa nutzten wir, um weißen Rum oder spanischen Cognac zu kaufen.

Einen Tag vor unserer Rückfahrt gingen wir zum Bahnhof, um den Zug aufzurüsten. Der Zug war nicht da. Im Büro des Bahnhofsvor-

Auf dem Bahnhof in Lourdes.
Die Zugreiseleiter der SBG Dortmund (Franz Vogelsang, Siggi Resmer, Benno Petsch, Rheinhold Siesmann und ich) treffen während unserer Soldatenwallfahrt auf den TUI-Reiseleiter Peter Lorenzen. In der Nachsaison wurde der TUI-Ferienexpress auch als Pilgerzug verchartert.

stehers erklärte man uns, unser Zug wäre nach Tarbes überführt worden, da in Lourdes kein Platz für ankommende Züge mehr gewesen wäre. Wir also mit dem nächsten Zug nach Tarbes. Hier mussten wir feststellen, dass auch hier unser Zug nicht im Bahnhofsbereich stand. Wir also zum Bahnhofschef und fragten in holprigem Französisch, wo denn unser „Train spécial" stehen würde. Der Bahnhofschef sagte nur „Gare garage" und zeigte auf Gleise weit außerhalb des Bahnhofs. Den Begriff „Gare garage" für Abstellbahnhof habe ich seitdem nicht mehr vergessen.

Am nächsten Morgen waren wir vor den Pilgern am Bahnhof. Unser Zug stand schon im Bahnhof von Lourdes bereit zur späteren Abfahrt. Wir fuhren zur heiligen Bernadette nach Nevers über Bordeaux und Limoges. Wallfahrtsmäßig wurde wieder der Rosenkranz gebetet mit den freudenreichen, schmerzhaften, glorreichen und lichtreichen Geheimnissen. Wir waren wieder mit dem Getränkeverkauf beschäftigt. Am Mittag Ankunft in Nevers. Unsere Pilger gingen zuerst zum Essen in große Lokale, die auf Pilgergruppen spezialisiert waren. Danach zum Leichnam der heiligen barmherzigen Schwester Bernadette Soubirous, der seit 1925 unverwest in der Kapelle des Espace Bernadette Soubirous, dem ehemaligen Kloster Saint-Gildard, aufgebahrt ist. Der Espace Bernadette Soubirous befindet sich im Zentrum der Stadt Nevers, auf einem Hügel über der Loire, nur 600 Meter vom Bahnhof entfernt. Nach dem Abendessen in Nevers stürmten unsere Pilger wieder in den Zug. Die Frühstückspakete für den nächsten Morgen waren verteilt und nun hatten wir die Nachtstrecke zurück nach Deutschland vor uns. Am nächsten Morgen einsammeln der leeren Frühstückskartons und der Bettwäsche, also Laken und Kopfkissenbezüge. Pilger sind zuvorkommende Reisende. Die Wäsche lag im Gang und musste nur von uns eingesammelt werden. Unsere Pilger bedankten sich vor dem Ausstieg für die gute Betreuung – und bis zum nächsten Jahr. Wir waren zum Saisonende wieder für eine Pilgerreise eingeteilt. Eine Soldatenwallfahrt von Saarbrücken nach Lourdes. Diese Pilgerfahrt würde sich nicht so lohnen wie die jetzige. Soldaten brachten erfahrungsgemäß ihre eigenen Getränke mit.

Kapitel 20

Ovomaltine im Abstinenzler-Lokal

3a

Reisebüro-Sonderzug

Dortmund - Brig

Im Winter fuhren wir, nur am Wochenende von Freitag bis Sonntag, Urlauber zum Wintersport nach Österreich, aber auch in die Schweiz. Der Sonderzug in die Schweiz hatte eine späte Abfahrt, eine kurze Nachtfahrt und eine frühe Ankunft am Zielort. Der Nachteil war die kurze Nachtruhe, der Vorteil der lange Aufenthalt am Zielort. Ideal zum Skilaufen. Ich packte also meine Skiausrüstung auf die Wäschekarre vor der Außenstelle und bat unseren Fahrer der Elektrokarre, mir die Ausrüstung mit zum Wagen mit dem Reiseleiterabteil zu bringen. Sehr zum Unbehagen unseres Außenstellenleiters Willi Kröll, der, nachdem die TUI eigene Ferienexpresswagen hatte, die Nachfolge von Gerd Gronwald übernahm, der zur TUI wechselte. Er gab nur den Hinweis, wenn dir beim Skilaufen etwas passiert, hast du schlechte Karten. Es dürfte nicht so schlimm werden, denn ich war als zweiter Reiseleiter eingesetzt. Den ersten Reiseleiter stellte die TUI, da wir gemischt mit Alpen-See und TUI-Wagen fuhren und im Zug ein Treffwagen der TUI, ein Speisewagen mit integriertem Reiseleiterabteil, in dem nur TUI-Reiseleiter residieren durften, integriert war. Wir hatten Kurswagen nach Brig, Chur, Sion und Bourg Saint Maurice, wobei Bourg Saint Maurice nicht in der Schweiz, sondern in den französischen Alpen liegt.

Früher gab es auch noch Kurswagen nach Interlaken, aber irgendwann entschieden sich immer weniger Touristen, Urlaub in Grindelwald mit Blick auf die Eigernordwand zu machen, und so wurde dieses Ziel eingestellt. Gäste nach Interlaken fuhren im Wagen nach Brig mit und wurden in Spiez, drei Stationen vor dem Lötschbergtunnel, abgeholt. Wir fuhren nach Brig, unsere Hamburger Reiseleiterkollegen, die wir in Basel treffen würden, waren nach Chur eingesetzt.

Wegen der späten Abfahrt in Dortmund war eigentlich nicht viel los im Zug. Die meisten Gäste legten sich gleich schlafen, um etwas von der kurzen Nachtstrecke zu haben. Wer in Heidelberg oder Karlsruhe zustieg, brauchte sich eigentlich nicht mehr hinzulegen. Traditionell waren fast immer drei Betreuer im Zug in die Schweiz auf ihren ausdrücklichen Wunsch eingeteilt. Das war zum einen Heinz, ein älterer Frührentner aus Dortmund, der eine Freundin in der Schweiz hatte, die ihn immer im Zug besuchte. Dafür richtete er ein Abteil besonders her, immer mit

Die Brig-Visp-Zermatt-Bahn.

mitgebrachten frischen Blumen in einer Vase auf der Ablage vor dem Abteilfenster. Sie brachte ihm die begehrte Schweizer Schokolade mit und er Artikel aus Deutschland, die einen in der Schweiz preislich ruinieren könnten. Die anderen beiden Betreuer kamen aus Remscheid, hatten dort einen Spielwarenladen, natürlich mit Modelleisenbahnen, und waren besonders an der Eisenbahn in der Schweiz interessiert.

Im Badischen Bahnhof in Basel angekommen, stand schon der Hamburger Sonderzug am Bahnsteig gegenüber. Aus zwei Zügen würden nun drei werden. Der erste nach Chur über Zürich, von dort „ohne Halt bis Ziegelbrücke“ (die obligatorische Lautsprecheransage in Zürich Hauptbahnhof), mit Halt in Landquart, um nach Davos zu kommen, bis zum Zielort Chur. Von Chur aus wurden die Reisenden in die Skigebiete nach Arosa oder Lenzerheide gebracht. Der zweite Zug ging über Lausanne mit Kurswagen nach Sion ins Rhônetal und mit dem Kurswagen nach Bourg Saint Maurice über Genf, für Urlauber, die in den Skigebieten von La Plagne die Pisten unsicher machen wollten. Während es in der Schweiz idyllische Orte an den Skipisten gibt, findet der Skifahrer in Frankreich funktionelle Hochhäuser an den Pisten. Wir fuhren weiter mit dem dritten Zug über Bern nach Brig.

Ab dem Badischen Bahnhof achteten der Zugführer und sein Schaffner von der SBB, der Schweizer Bundesbahnen, darauf, dass unser Zug immer pünktlich ist. Fahrkartenkontrolle durften sie nur in den Wagen des Alpen-See-Express machen, in den TUI-Wagen nicht. Die TUI-Wagen waren Privatwagen und wurden nicht mit Fahrkarten der Reisenden abgerechnet, sondern mussten von der TUI mit sogenannten Achskilometern bezahlt werden. Also ließen sie die Kontrolle ganz bleiben und gesellten sich nach Abfahrt Basel SBB, dem Baseler Hauptbahnhof, zu uns in den Treffwagen. Zugführer in der Schweiz erkennt man an der roten Umhängetasche, die, diagonal über der Schulter getragen, in Höhe der Kniekehlen baumelt. Schaffner haben das gleiche Exemplar, allerdings in Schwarz.

Am Kiosk im Treffwagen gab es nützliche Sachen zu erwerben, wie den Touropa-Urlaubsberater, das Gasfeuerzeug mit verstellbarer Flamme, Schirmmütze mit großem Schirm in der Weite verstellbar, T-Shirt mit kurzem Arm aus 100 % Baumwolle, natürlich alles mit TUI-Aufdruck und die Modellwagen „TUI-Ferienexpress“ und „TUI-Treff“ in Spur H0. Zugführer und Schaffner kauften den Bestand der Modellwagen komplett für ihre Modelleisenbahn zu Hause auf. Wahrscheinlich waren die Preise im Treffwagen für die Modelleisenbahn wesentlich günstiger als in den Spielwarengeschäften in der Schweiz. Nachdem die Schweizer ihre Einkäufe beendet hatten, kam das Gespräch über Gehälter auf. Wir staunten nicht schlecht, was ein Zugführer bei der SBB so verdiente. Als er aber berichtete, was seine Wohnung an Miete in der Berner Innenstadt pro Monat kosten würde, relativierte sich das Gehalt. Für die Miete hätte man sich in Dortmund ein Schloss in der Garten-

Die Furka-Oberalb-Bahn.

stadt sicher leisten können – wenn es dort eins geben würde,. Danach erzählten uns die beiden Appenzeller-Witze. Dazu muss man wissen, dass die Appenzeller in der Schweiz unsere Ostfriesen sind. Nachdem ich erzählte, dass die Ostfriesen schon am Freitag wüssten, ob sie am Sonntag Besuch bekommen würden, weil Ostfriesland flach ist und man ganz weit sehen kann, meinten die beiden, das könnte einem Appenzeller nie passieren. Nicht wegen der Berge, die eine weite Sicht nicht zulassen, sondern weil man Appenzeller nie besuchen würde.

Ankunft in Bern. Hier verließ uns nicht nur das Personal der SBB, sondern auch die Lok. Sie wurde abgekoppelt und durch eine neue ersetzt. Ab jetzt fuhren wir mit der „Bern-Lötschberg-Simplon-Bahn", abge-

Die Furka-Oberalb-Bahn.

Die Riederalp.

kürzt BLS. Das Personal der BLS unterschied sich kaum von dem Personal der SBB. Der neue Zugführer trug auch eine rote Umhängetasche bis zu den Kniekehlen, sein Schaffner das gleiche Modell in Schwarz. Auch verabschiedete sich einer der Betreuer aus Remscheid bei mir und meinte, ab jetzt würde er vorne auf der Lok mitfahren, sein Kollege würde die Betreuung seines Wagens mit übernehmen. Wir fuhren weiter über Thun nach Spiez. Hier die ersten Ausstiege für Grindelwald hinter Interlaken. Dann ging es weiter über Frutigen nach Kandersteg, wo der Lötschbergtunnel beginnt. Mit Durchfahrt durch den Lötschbergtunnel verließen wir das Berner Oberland und erreichten mit Ankunft in Goppenstein den Kanton Wallis. Jetzt war es nicht mehr weit bis zu unserem Endbahnhof Brig. Unsere Gäste nach Zermatt, Saas Fee und der Riederalp standen schon zum Ausstieg bereit an den Wagentüren.

Nachdem in Brig die letzten Fahrgäste ausgestiegen waren, kletterte auch der Betreuer aus Remscheid von der Lok. Natürlich fragte ich ihn, wie er zu der Ehre käme, da vorne mitzufahren. „Ganz einfach“, meinte er, „ich habe vor Jahren dem Schweizer Verkehrsmuseum in Bern das Modell eines Schweizer Postbusses geschenkt und als Gegenleistung einen Ausweis bekommen, der mich berechtigt, die Verkehrsanlagen in der Schweiz zu betreten, dazu gehören auch die Loks der SBB und BLS.“

Unser Zug wurde in der Abstellgruppe hinter dem Bahnhof abgestellt. Am Rand der Abstellgruppe befand sich die Eisenbahnerkantine, in der wir frühstücken wollten. Am Eingang prangte ein großes Schild mit dem Hinweis, dass dies ein Abstinenzler-Lokal sei. Die Getränkekarte wies die abenteuerlichsten Milchmixgetränke aus, aber als erstes Getränk auf der Karte stand Ovomaltine. Da ich keine Milch mag, orderte ich Ovomaltine am Tresen. Mir wurde ein Becher vor die Nase gestellt, ein weißes Pulver hineingegeben und mit heißem Wasser aufgegossen. Es schmeckte nicht schlecht, aber auch nicht gut. Später erfuhr ich, das Ovomaltine ein Instant-Pulver zur Herstellung dieses Malzgetränkes ist und in Neuenegg im Kanton Bern, also ganz in der Nähe, hergestellt wird. Der Werbespruch „Hesch dini Ovo hüt scho gha?“ (Hast du deine Ovo[maltine] heute schon gehabt?) war als stehende Redewendung jedem Schweizer bekannt.

Nach den Erfahrungen in dem Abstinenzler-Lokal verabschiedeten sich meine Kollegen in den Walliser Stuben, um sich dem Dole-Wein und dem Feldschlösschen-Bier hinzugeben. Ich überlegte, ob ich zur Riederalp fahren sollte oder nach Zermatt zum Skifahren. Ich entschied mich für die Riederalp, Zermatt und das Matterhorn würde ich mir beim nächsten Aufenthalt in Brig ansehen und auch dort Ski laufen. Hinter der Abstellgruppe befindet sich die Tunnelöffnung zum Simplontunnel Richtung Domodossola in Italien. Und wen sahen wir über der Tunnelöffnung sitzen und ein- und ausfahrende Züge fotografieren. Unseren Betreuer aus Remscheid. Wahrscheinlich hatte er auch hierfür eine Genehmigung aus Bern.

Vor dem Bahnhofsgebäude, eigentlich mitten auf der Straße, befindet sich der Bahnhof der Furka-Oberalb-Bahn, die mich zum Skigebiet auf der Riederalp bringen sollte. Die Furka-Oberalp-Bahn (FO) ist eine Schmalspurbahngesellschaft, die mit einer 97 Kilometer langen Hauptstrecke von Brig bis Disenetis die Kantone Wallis, Uri und Graubünden verbindet. Ursprünglich überwand die Bahn den Furka- und den Oberalppass, konnte aber nur im Sommer verkehren. Der Oberalppass wurde später wintersicher ausgebaut, der Furkapass mit einem Basistunnel unterfahren. Zusammen mit der Brig-Visp-Zermatt-Bahn und der Rhätischen-Bahn betreibt die Furka-Oberalb-Bahn den legendären Glasier-Express von Zermatt bis St. Moritz. Ich fuhr mit meiner Skiausrüstung aber nur die 10 Kilometer bis Mörel, der Talstation zur Riederalp. Da die Bergstation der Seilbahn auf der Riederalp Eisenbahnstation war, konnte ich direkt bis dorthin eine Bahnfahrkarte in Brig lösen. Für die Schweiz hatte ich als Reiseleiter eine Netzkarte, die allerdings nur auf den Strecken der Schweizer-Bundesbahn und der Bern-Lötschberg-Simplon-Bahn gültig war. Für die private Furka-Oberalp-Bahn musste ich bezahlen.

Die Riederalp war eigentlich für den eintägigen Ski-Aufenthalt zu groß. Zur Bettmeralp, die auch autofrei von der Riederalp zu erreichen ist, war die Zeit fast zu knapp. Aber den herrlichen Blick auf den Aletschgletscher wollte ich nicht versäumen. Am Abend dann wieder zurück nach Brig mit der Furka-Oberalb-Bahn. Im Bahnhof traf ich

Die Gornergrat Bahn vor dem Matterhorn.

die zurückkehrenden Kollegen aus den Walliser Stuben. Einer erzählte, als er einmal mit der Furka-Oberalb- oder Rhätischen Bahn fuhr, hätte er über Gebühr engagierte Zugführer und Schaffner erlebt. Nach der Fahrkartenkontrolle zogen sie mit einer Minibar durch den Zug, verkauften Getränke und bei einem längeren Aufenthalt schrieben sie die Falschparker auf dem Bahnhofsgelände auf. Wir waren uns einig, bei der Deutschen-Bundesbahn wäre dieser Einsatz unmöglich und wahrscheinlich mit dem Beamtenrecht auch nicht zu vereinbaren.

Während der Rückfahrt in Basel Badischer Bahnhof traf ich meinen Hamburger Kollegen und wir teilten unsere Skifahrererlebnisse aus. Er war mit dem Snowboard in Chur. Direkt hinter dem Abstellbahnhof

Die Gornergrat Bahn vor dem Matterhorn.

wäre die Talstation der Seilbahn fußläufig zu erreichen. Ein guter Hinweis, ich hatte aber vor, in zwei Wochen von Brig nach Zermatt zu fahren. Von Chur aus hatte ich vor, einmal mit dem Bernina-Express zu fahren, dann aber mit dem Postbus nach Tiefencastel und erst dort und nicht in Chur zusteigen, was schneller ging und um mehr Zeit für die landschaftlich schönste Strecke zu haben.

Das letzte Bier am Büffet auf dem Bahnsteig blieb uns verwehrt. Nach 22:00 Uhr gab es keine alkoholischen Getränke im Badischen Bahnhof, Kaffee auch nicht, weil die Maschine schon gereinigt war, wir könnten aber einen Becher Ovomaltine bekommen, frisch mit heißem Wasser aufgegossen.

Kapitel 21

Mit der Transsibirischen Eisenbahn nach China

1985 bot die Ameropa-Reise in ihrem Katalog „Ostexpress" erstmals Bahnreisen in die UdSSR und nach China an. Es kamen, außer der Festtagsreise über Silvester nach Moskau, nur zwei Reisen in die UdSSR mit der Transsibirischen Eisenbahn zustande. Die erste vom 15. Mai bis zum 17. Juni begleitete mein Kollege, der örtliche Reiseleiter der Ameropa in Riccione, Giancarlo Fabbri. Er wurde von Franz-Josef Oller, einem Reporter der „Schönen Welt" – die Illustrierte, die immer in den Zügen rumlag – begleitet. In dem Bericht, der in der Februarausgabe im Jahr 1986 erschien, behauptete Giancarlo, eine Eisenbahnreise nach China und zurück könne man unbeschadet nur einmal in seinem Leben überstehen – jedenfalls als Reiseleiter. Aber Extremisten, meinte er, gebe es schließlich in jedem Beruf. Am Schluss seines Berichtes schrieb der Autor über die sechs Tage lange Rückfahrt von Beijing nach Moskau: Aus dem Fenster gucken, lesen, Bücher tauschen. Schachpartner werden gesucht, Kreuzworträtzel sind zu lösen – beim sibirischen Fluss mit zwei Buchstaben lacht es den ganzen Gang entlang. So wird es morgens, mittags und abends. Und Giancarlo hat sieben Tage nachgedacht und ist jetzt entschlossen, ein Buch zu schreiben: über Russland und das Leben überhaupt. Den ersten Satz hat er schon: Potschemu – warum?

Ein kleiner Reiseführer für Urlauber auf der Transsib, der nie gebraucht wurde, da keine Reisen mehr von der Ameropa durchgeführt wurden.

OSTEXPRESS 1985

BAHNREISEN IN DIE UdSSR UND NACH CHINA

Für die zweite Reise vom 17. Juli bis zum 19. August 1985 hatte ich mich beworben und bekam sofort die Zusage. Auf die Frage, warum ich sofort eine Zusage hätte, bekam ich zur Antwort, aus unserem Haus will keiner fünf Wochen von zu Hause weg sein. Vor der Reise telefonierte ich mit Giancarlo in Riccione und bekam wertvolle Tipps, von seinem Buchprojekt erfuhr ich nichts, auch später nicht. Ich schrieb allerdings später einen kleinen Reiseführer über die Reise mit der Transsibirischen Eisenbahn nach China, der jedoch nicht mehr gebraucht wurde. Giancarlo und ich waren die einzigen Reiseleiter, wahrscheinlich auch die einzigen Extremisten, auf einer Reise hin und zurück nur mit der Eisenbahn in die Volksrepublik China, die die Ameropa durchführte. Danach veranstaltete die Ameropa in dieser Form keine reinen Bahnreisen mehr.

Aachen–Moskau

Zwei Tage vor Abfahrt fuhr ich nach Frankfurt, um meine Reiseunterlagen, Reiseschecks, US-Dollars, Visaunterlagen, Bettkarten für den Schlafwagen nach Moskau, Telex-Durchschriften über Bestellungen usw. in Empfang zu nehmen. Am Abreisetag nahm ich mir vor, früh genug in Aachen zu sein. Für meine Reisegruppe reservierte die Ameropa einen ganzen Schlafwagen der SZD, der Sowjetischen Eisenbahn, der in Aachen an den Zug von Oostende nach Moskau angekoppelt werden sollte. Von Aachen verkehrten jeden Abend zwei Züge mit Kurswagen nach Moskau; einmal der D 241 „Ost-West-Express“ mit einem Schlafwagen Paris–Moskau, welcher täglich fuhr, und der D 245 mit Schlafwagen von Oostende und Aachen nach Moskau, welcher täglich, außer freitags, in einem Abstand von zwanzig Minuten zum anderen Zug nach Moskau verkehrte. Was ich in Aachen vorfand, war ein innen vorbildlich sauber hergerichteter Schlafwagen, von außen dagegen war der Wagen pottdreckig. Also führte mein erster Weg in Richtung Fahrdienstleistung des Aachener Hauptbahnhofs. Der Wagen würde von außen nicht gereinigt, man hätte mit der SZD kein entsprechendes Abkommen über die Reinigung. Mein Argument, dass eine Reisegruppe der Ameropa, die schließlich eine Tochtergesellschaft der Deutschen Bundesbahn wäre, mit diesem Wagen über zwei Tage unterwegs sein und nicht aus dem Abteilfenster schauen könnte, führte schließlich dazu, dass der Wagen zwar nicht durch die Waschanlage gefahren wurde, aber Wagenmeister alle Wagenfenster von außen reinigten. Meine beiden sowjetischen Schlafwagenschaffner wunderten sich über diese Aktion, denn so etwas hätten sie in Aachen noch nie erlebt. Vor unserer Abfahrt mit dem D 245 um 21:38 Uhr in Aachen lud ich die Schlafwagenschaffner zu mitgebrachtem Dosenbier ein und bekam als Gegeneinladung eine Borschtsch-Suppe, die gerade von den beiden auf der Plattform neben dem Dienstabteil gekocht wurde.

Nach der Abfahrt von Aachen ging es über Köln, Düsseldorf, durch das Ruhrgebiet zunächst bis Hannover. In Hannover hatte ich meine Reisegruppe, bestehend aus 16 Urlaubern, zusammen. Es waren fünf Ehepaare, einmal Mutter mit Sohn, die anderen Einzelreisende. Der Älteste meiner Reisenden war 78 und der Jüngste 47, und alle hatten Angst vorm Fliegen. Aus Erzählungen erfuhr ich, man war in Südamerika, in Neuseeland und sonst schon überall in der Welt. Eigentlich alles Ziele, die mit einem Flugzeug bequem erreicht werden könnten, oder mit einem Frachtschiff, womit meine „Angst vorm Fliegen"-Reisenden die Welt bereisten. Nach der Abfahrt in Hannover sammelten unsere Schlafwagenschaffner die Pässe ein, welche vom Bundesgrenzschutz, der bis Helmstedt mitfuhr, kontrolliert wurden. In Helmstedt mussten schnell die Pässe zurückgeben werden, denn in Marienborn, der Grenzstation zur DDR, gegen 4:00 Uhr morgens, erfolgte eine persönliche Kontrolle aller Reisenden. Die Durchfahrt durch die Deutsche Demokratische Republik kostete 5,00 DM von jedem, außer von Reisenden in Reisegruppen, die in einer Liste geführt wurden, eine wie ich sie hatte. Ich bezahlte mit dieser Liste insgesamt 10,00 DM für alle.

Im Morgengrauen erreichte der Zug in Berlin den Bahnhof Zoo, im Westteil der Stadt, bis er weiter zum Bahnhof Friedrichstraße fuhr, ein weiterer Grenzbahnhof, in dem wiederum Reisepass und Transitvisum kontrolliert wurden. Trotz des längeren Halts durfte der Zug im Bahnhof Friedrichstraße nicht verlassen werden, aber dafür an der nächsten

Station Berlin Ostbahnhof. Hier wurden mehrere Schlafwagen nach Moskau angekoppelt und ein Speisewagen der Mitropa, der Speisewagengesellschaft der DDR. Meine Urlauber hatten eine Reise mit Vollpension gebucht. Dafür bekam ich von der Mitropa im Ostbahnhof vorbestellte 17 Frühstücks-Lunchbeutel mit einem Saft-Getränk, zwei belegten Broten, einem Päckchen Kekse und einem Apfel geliefert und

SZD-Schlafwagen.

für das spätere Abendessen 17 Lunchbeutel mit einer Flasche Bier mit Öffner für den Kronkorken, einer Aufschnittplatte, einer Wurstkonserve, 3 Scheiben Brot und einem Stückchen Butter. Mittagessen sollte es später im Speisewagen geben. Bezahlen musste ich in D-Mark, so kostete das Frühstück je 9,30 DM und der Beutel mit dem Abendessen 15,90 DM, für DDR-Verhältnisse ein stolzer Preis.

Reinigung der verschmutzten Wagenfenster von außen.
So war es endlich möglich, hinauszuschauen.

90 Kilometer weiter in Frankfurt-Oder, eine Stunde hinter Berlin, die letzte DDR-Kontrolle, wieder Pässe vorzeigen und Transitvisum abgeben. Unser Zug überquerte die Oder und wir erreichten Kunowice, die erste Station in der Volksrepublik Polen. Polnische Grenzbeamte zogen eine Seite des Einreisevisums ein und versahen die nächste Seite und das im Pass eingestempelte polnische Visum mit einem Stempel. Danach händigte der polnische Zollbeamte jedem Reisenden eine Devisendeklaration aus. Wir mussten darauf achten, dass die in dieser Deklaration gemachten Angaben auch mit einem schwarzen Stempel bestätigt wurden. Auf eine Kontrolle des Portemonnaies wurde verzichtet. Wir fuhren ca. 12 Stunden durch das fast ebene Polen über Poznan/Posen und Warszawa/Warschau. Von Warschau war, bedingt durch den vor einigen Jahren fertiggestellten neuen Hauptbahnhof „Warszawa Centralna" und die damit verbundene unterirdische Verlegung der Eisenbahntrasse durch die Innenstadt, relativ wenig zu sehen. Abwechslung gab es im Speisewagen. Das Mittagessen, zusammengestellt aus einer Brühe mit Eierflocken, danach Schweinelendchen in Sahne mit gemischtem Gemüse und Schwenkkartoffeln, zum Dessert Apfelkompott, war vorbestellt, musste mit den Getränken nur noch von mir bezahlt werden. Nach dem Mittagessen blieb ich noch länger, nicht nur zum Bezahlen, im Speisewagen. Die Speisewagenbrigade lud zu einem Wermut ein, der nicht auf der Speisekarte stand, auch nicht aus Italien stammte, sondern aus einem osteuropäischen Land und vom Personal mitgebracht wurde. Sie konnten nicht glauben, dass wir bis nach China mit dem Zug fahren würden. Ihnen reichte die Strecke von Berlin bis an die Grenze zur UdSSR. In Terespol, der letzten polnischen Station, kontrollierten die polnischen Grenzbeamten die Pässe und sammelten die Devisendeklarationen ein. Obwohl meine Reisenden während der Durchreise durch Polen keine Gelegenheit hatten, Geld auszugeben, außer vielleicht im Speisewagen, wurde Wert darauf gelegt, den Betrag anzugeben, den man bei der Ausreise besaß und ihn formlos in die Spalte für den offiziellen Umtausch einzutragen.

Mit Abfahrt von Terespol und anschließender Überquerung des Flusses Bug am späten Abend des zweiten Reisetages verließen wir Po-

Eine Postkarte für die Wagen von Moskau nach Aachen über Köln und zurück. Die Karten wurden für Reisende in den Abteilen ausgelegt.

len und erreichten nach Durchfahrt ähnlicher Grenzbefestigungen wie an der Grenze zur DDR den sowjetischen Grenzbahnhof Brest. Vor Ankunft in Brest teilten die Schlafwagenschaffner wieder Zolldeklarationen aus, diesmal für die Einreise in die UdSSR, mit dem Hinweis, dass es ohne dieses Dokument schwierig sei, aus der UdSSR auszureisen und auch kein Geld gewechselt werden könne. Die Fragen in der Deklaration, ob Waffen jeder Art mit Munition, Rauschgiftwaren mit Zubehör oder Antiquitäten und Kunstwerke, bzw. sowjetische Rubel und Lotterielose mitgeführt würden, durften nicht durchgestrichen, sondern nur schriftlich mit nein beantwortet werden. Mit Unterschrift musste auf der Deklaration bestätigt werden, dass man nicht im Besitz von antisowjetischen und pornografischen Schriften sei und zur Kontrolle u. a. Druckerzeugnisse, Briefmarken und Schlachtgeflügel unbedingt vorzuzeigen wären. Nun kontrollierten ein halbes Dutzend Grenzbeamte hintereinander die Abteile, sammelten die Reisepässe und das sowjetische Visum ein. Ein sowjetisches Visum wurde nie in den Pass gestempelt, sicherlich aus Rücksicht, einem die Einreise in Länder, die in keinem freundschaftlichen Verhältnis zur UdSSR standen, nicht zu erschweren.

Da im Sommer 1985 in Moskau die Weltfestspiele der Jugend und Studenten stattfanden, mit 26.000 Teilnehmer aus 157 Ländern, fand in Brest in unserem Zug eine verschärfte Kontrolle statt. Alles an Reisegepäck wurde penibel durchsucht, die Tasche mit meinen Reiseunterlagen beschlagnahmt. Ich hatte den Eindruck, weil 1980 die olympischen Sommerspiele in Moskau wegen des Einmarsches der Sowjetunion in Afghanistan von vielen westlichen Ländern boykottiert wurden, wollte man die jetzt stattfindenden Weltjugendfestspiele auf keinen Fall gefährden. Während der Kontrolle holte mich ein Grenzbeamter in ein anderes Abteil. Ein Teilnehmer aus meiner Reisegruppe, ein Buchdrucker im Ruhestand, hatte 5-DM-Scheine wie ein Abreißkalender gebunden, um Trinkgeld bei Bedarf immer zum Abreißen parat zu haben. Für sowjetische Zollbeamte ein Problem. Musste nun ein Buch oder Geld deklariert werden. Das Problem konnte gelöst werden. Da das Buch aus Geldscheinen immer kleiner würde, hatten wir uns auf die Deklaration des Geldes geeinigt.

Da die Züge in der UdSSR auf Schienen mit einer größeren Spurbreite fahren, wurden während des fast zweieinhalbstündigen Aufenthaltes in Brest die Drehgestelle der Wagen gewechselt. Hierzu trennte man alle Wagen voneinander. Danach wurden sie einzeln in eine große Halle gefahren, wo nach dem Lösen der Drehgestelle mit dem sogenannten Königsbolzen unter den Sitzen im ersten und letzten Abteil, der Wagenkasten ungefähr einen Meter mit Hebevorrichtungen in die Höhe gestemmt wurde. Auf einem Vierschienengleis rollte man die alten Drehgestelle weg und fuhr von der anderen Seite die neuen breiteren Gestelle unter den Wagen. Gleichzeitig ersetzte man die Schraubkupplung der Wagen durch automatische Kupplungen. Die Wagen wurden so sachte gehoben und gesenkt, dass man als Fahrgast diesen Vorgang kaum wahrnahm. Eine halbe Stunde vor Abfahrt bekamen wir unsere Pässe wieder und ich meine zuvor beschlagnahmte Tasche mit meinen Reiseunterlagen. So hatte ich noch genügend Zeit, um Geld zu wechseln.

Gegen 2:00 Uhr morgens fuhr unser Zug von der anderen Seite des Bahnhofs Richtung Moskau. In den frühen Morgenstunden hielt der Zug in Minsk, der Hauptstadt der Weißrussischen Sowjetrepublik, und vier Stunden später ein kurzer Aufenthalt in Smolensk am Dnjepr. Seit Brest befand sich ein sowjetischer Speisewagen im Zug, dort musste von mir das Frühstück und das Mittagessen für meine Gäste arrangiert werden. Da die Besatzung im Speisewagen nur russisch sprach, schrieb ich auf, was ich für das Frühstück, 1,20 Rubel pro Person, und für das Mittagessen 2,20 Rubel pro Person, ausgeben wollte. Der Direktor des Speisewagens stellte dementsprechend das Menu zusammen. Auf der Rechnung war später genau aufgeführt, z. B. wie viel Gramm Butter, wie viel Scheiben Brot, wie viel Liter Kaffee usw. jeder zum Frühstück bekam. Gegen 15:00 Uhr erreichte unser Zug den weißrussischen Bahnhof in Moskau. Unser erstes Ziel, die sowjetische Hauptstadt, war nach einer Fahrt von ca. 39 Stunden und mit einer Entfernung von Aachen bis Moskau mit 2.547 km erreicht. Intourist-Dolmetscherin Tanja erwartete uns schon.

Moskau (Moskwa)

Das staatliche sowjetische Reisebüro Intourist regelte alle touristischen Angelegenheiten in der UdSSR. Intourist stellte den Reisegruppen für den Aufenthalt Dolmetscher zur Verfügung, die das gebuchte Besichtigungsprogramm betreuen und für andere organisatorische Dinge wie Gepäcktransfer, Tischreservierungen etc. verantwortlich waren. Wir hatten Tanja. Ich wusste nicht, in welchem Hotel wir untergebracht würden, denn für den Aufenthalt in einer sowjetischen Stadt konnte nie ein Hotel im Voraus gebucht werden, lediglich die Kategorie. Wir wurden im Hotel Kosmos untergebracht. Zum Glück nicht im Hotel Rossija, das neben dem Waldorf-Astoria in New-York das größte Hotel der Welt mit fast 6.000 Betten war und an der Moskwa in der Nähe des Roten Platzes lag. Da das Rossija nicht hoch, sondern breit war, konnten die Wege vom Fahrstuhl zum Zimmer richtig weit sein. Es gab Gerüchte, dass Gäste sich in dem Hotel verlaufen und erst nach Tagen zurück zur Rezeption gefunden hätten. In unserem Hotel Kosmos konnten „nur“ 3.500 Gäste untergebracht werden, und da es ein Hochhaus ist, waren die Wege von den Fahrstühlen zu den Zimmern überschaubar. Das Hotel Kosmos, 1980 anlässlich der Olympiade von einer französischen Firma gebaut, lag etwas außerhalb gegenüber der Allunionsausstellung.

Im Hotel angekommen, gaben wir unsere Pässe und das Visum zur Registration an der Rezeption ab und erhielten eine Hotelkarte mit der Zimmernummer. Diese Hotelkarte war jetzt für den Aufenthalt in Moskau unsere Ersatzlegitimation. Einen Zimmerschlüssel gab es nicht. Den bekamen wir von der „Deschurnaja“, der Etagenfrau. Die Deschurnaja, eine Institution noch aus der Zarenzeit, war aus den sowjetischen Hotels nicht wegzudenken. Sie kümmerte sich um die Belange der Gäste ihrer Etage, verkaufte Mineralwasser und Tee an die Hotelgäste, und von ihr erfuhren die Reisenden, wo sie z. B. ihre Sachen zum Waschen abgeben konnten. Die Etagenfrau vermittelte die Wäsche an Zimmermädchen weiter, welche das Waschen und Bügeln zu bestimmten Tarifen übernahmen. Nicht von ihr zu bekommen waren Badewannenstöpsel, die überall fehlten. Wer es wusste, brachte diesen von zu Hause mit, ansonsten konnte in der Wanne ja geduscht werden. Auch führten die Etagenfrauen Buch, wann ihre Gäste das Hotel verließen oder ankamen. Für den Geheimdienst mitunter eine unschätzbare Quelle von Informationen. Telefongespräche vom Hotelzimmer aus innerhalb der Stadt waren kostenlos. Das Telefon im Zimmer verfügte über einen Hauptanschluss mit eigener Nummer, welche nicht mit der Zimmernummer identisch war. Es waren Gerüchte im Umlauf, dass so der KGB einfacher die Telefone abhören könne. Für Gespräche innerhalb des Hotels von Zimmer zu Zimmer war deshalb das Telefonverzeichnis eine Hilfe. Am Abend, vor dem Abendessen, besprach ich mit Tanja, die für uns bis nach Irkutsk zuständig war, das Programm

Aus dem Werbeprospekt der sowjetischen Eisenbahn: der belorussische Bahnhof in Moskau. Auch in der UdSSR galten Bahnanlagen als strategisch wichtige Anlagen, die nicht fotografiert werden durften.

für den Aufenthalt in Moskau. Alle Punkte aus dem Reisekatalog der Ameropa waren berücksichtigt.

Der erste Tag nach unserer Ankunft begann frühmorgens mit einer dreistündigen Stadtrundfahrt durch das historische Zentrum von Moskau, aber auch durch neue Wohnviertel und Parkanlagen. Ich lernte, dass der Jugendstil in der UdSSR ein anderer war als bei uns. Als Jugendstil bezeichnete unsere Dolmetscherin Gebäude der Moderne, wie etwa den

Aus dem Werbeprospekt der sowjetischen Eisenbahn.

Stil des Bauhauses und nicht die geschwungenen Formen mit ornamentaler Behandlung der Gebäudefassaden wie z. B. das Jugendstilgebäude der Wiener Sezession. An der Moskwa, direkt gegenüber vom Kreml, mit schöner Aussicht auf diesen, wurde zum Fotografieren angehalten. Die Fahrt ging weiter vorbei am Bolschoi-Theater, über die Gorkistraße und den Kalinin-Prospekt, über den Gartenring zum Neujungfrauenkloster und zur Universität auf den Leninbergen, von wo man einen Aus-

Aus dem Werbeprospekt der sowjetischen Eisenbahn.

blick über die Stadt hatte. Danach setzte uns der Bus am Katjafja-Tor des Kreml zur Kreml-Besichtigung ab. Zugänglich war jedoch nur der Kathedralenplatz mit seiner Umgebung. Das Gebäude des Ministerrats war für Touristen verschlossen und Einlass in den „Großen Kreml-Palast" gab es nur mit Sondergenehmigung. Facetten-Palast, der Terem-Palast, sowie der Patriarchen-Palast waren nur für Staatsgäste zugänglich, also nicht für uns. Nach dem Mitttagessen im Hotel stand eine Schifffahrt auf der

Meine Reisgruppe vor der Basilius-Kathedrale auf dem Roten-Platz in Moskau.

Moskwa an, die an der Anlegestelle in der Nähe des Kiewer Bahnhofs begann. Während der Fahrt bot sich ein herrlicher Ausblick auf die Ufer der Moskwa mit ihren Brücken sowie auf die Sehenswürdigkeiten der Stadt.

Am nächsten Tag stand der Besuch der WDNCh, der Ausstellung der Errungenschaften der Volkswirtschaft der UdSSR, allgemein bekannt unter dem Begriff Allunionsausstellung, an. Da das Ausstellungsgelände seinen Eingang direkt gegenüber vom Hotel hatte, brauchten wir keinen

Matrosen der sowjetischen Marine auf dem Roten Platz in Moskau.

Bus an diesem Morgen. In 80 Pavillons wurde hier ein Überblick über die wissenschaftliche, kulturelle und landwirtschaftliche Entwicklung der UdSSR geboten. Wir fuhren mit einem sogenannten Autozug durch das Ausstellungsgelände mit seinen riesigen Grünflächen voller Blumen und Springbrunnen. Die Raumfahrtausstellung im Pavillon Kosmos mit Erdsatelliten und Weltraumraketen war besonders sehenswert. Wir sahen den ersten Satelliten Sputnik 1 in der Halle und vor der Halle das

Rakete in der Allunionsausstellung.

Raumschiff Wostok 1, mit dem Juri Alexejewitsch Gagarin als erster Kosmonaut in den Weltraum geflogen ist. Wie Ausstellungsführer Victor, der uns fachkundig über das Gelände führte, meinte, wären das alles Originale. Schließlich hätte man von jedem Satelliten oder Raumschiff immer zwei Exemplare gebaut, eins für den Einsatz im Weltraum und eins für die Allunionsausstellung. Zum Schluss wurden wir in eine runde Halle geführt, in der ein Film über die vier Jahreszeiten in der UdSSR an alle Wände projiziert wurde. Im Winter befanden wir uns, in der Mitte der Halle stehend, in einer offenen Kutsche, vor uns die angespannten Pferde und hinter uns die uns verfolgenden Wölfe. Diese verfolgten uns zum Glück nicht bis ins Nachmittagsprogramm nach dem Mittagessen. Wir fuhren in die ehemalige Zarenresidenz „Kolomenskoje" außerhalb von Moskau und besichtigten eine der ersten aus Stein gebauten Kirchen Russlands, die Himmelfahrtskirche aus dem Jahre 1532. Auch sahen wir die im Original erhalten gebliebenen Holzbauten aus dem alten Russland, darunter ein kleines Haus von Peter dem Ersten.

Der letzte Tag in Moskau begann mit der Besichtigung der Moskauer Metro. Die Metro, mit deren Bau Anfang der 1930er Jahre begonnen wurde, ist für Moskau ein Denkmal erster Güte. Stationen aus der Stalinzeit gleichen pompösen Palästen. Wir sahen die sehenswertesten Stationen Ploschtschad Rewewolijuzii, Ploschtschad Swedlowa, Majakowskaja und Komsomolskaja. In den Stoßzeiten verkehren die Züge in einem Abstand von 20 Sekunden, sonst alle 2 Minuten. 8.000 Züge befördern jeden Tag 5 Millionen Fahrgäste. Sieben Linien verlaufen radial in die Außenbezirke und eine Ringlinie stellt die Querverbindungen dar. Was bei der Moskauer Metro besonders ist, sind die schnellen Rolltreppen. Wer allerdings Angst hat, sich auf diese schnellen Rolltreppen zu stellen, dem bleibt der Taxistand vor fast jeder Metrostation. Allerdings kostet das Taxi mehr als 5 Kopeken. Vor dem Mittagessen an diesem Tag hatten wir noch Gelegenheit, in einem Berioska-Geschäft in der Nähe des Roten Platzes einzukaufen. Berioska, zu Deutsch kleine Birke, ist ein Geschäft, in dem man gegen westliche Währung Souvenirs, Krimsekt, Kaviar, Zigaretten, Wodka und andere Artikel bekommt. Waren aus Berioska-Geschäften durften zollfrei aus der UdSSR ausgeführt werden, wenn die Quittung für diese Waren aufbewahrt wurde. Da es immer an Kleingeld in diesen Geschäften mangelte, kam es häufig vor, dass Wechselgeld in einer anderen Währung herausgegeben wurde. Bevor es am Abend zum Bahnhof ging, besuchten wir das Andrej-Rubljow-Museum. Liebhaber der Ikonenmalerei kamen hier im Andronikow-Kloster voll auf ihre Kosten. Vom Großmeister der altrussischen Kunst, Andrej Rubljow, der hier 1430

Kirche in Kolomenskoje.

starb und begraben liegt, sind allerdings nur Bruchstücke im Original erhalten, aber die Ausstellung zeigte einen guten Überblick über Ikonen und deren mittelalterliche Entwicklung. Nach dem Abendessen, diesmal nicht im Hotel, sondern in einem Restaurant in der Stadt, ging es zum Jaroslawler Bahnhof – Jaroslawl-Woksal, der zusammen mit zwei anderen Bahnhöfen, dem Leningrader und Kasaner Bahnhof am Komsomolskaja-Platz im Norden der Stadt liegt.

Moskau–Nowosibirsk

Ca. 2 Stunden vor Abfahrt waren wir auf dem Bahnsteig zum Zug Richtung Nowosibirsk. Jetzt begann die Fahrt mit der transsibirischen Eisenbahn. Fertiggestellt wurde die Strecke bis Wladiwostok schon 1899, allerdings wurde der Zug am Baikalsee auf Fähren verladen und im Winter musste eine Trasse über den vereisten See gelegt werden. Das wird uns erspart bleiben, die Strecke um den Baikalsee ist fertig. Die wichtigsten Fernzüge auf der Transsibirischen Magistrale sind neben dem täglich nach Wladiwostok verkehrenden „Rossija", der „Sibirjak" von Moskau nach Nowosibirsk, der Ulan-Bator-Express in die Mongolei, der „Baikal" von Moskau nach Irkutsk, der „Jenissej" von Moskau nach Krasnojarsk und die je einmal wöchentlich verkehrenden Moskau-Beijing-Expresszüge. An jedem Dienstag und Freitag verlässt einer der beiden Züge nach Beijing den Jaroslawler Bahnhof in Moskau. Der chinesische Zug mit Schlafwagen der chinesischen Eisenbahnen verkehrt über Ulan-Bator, der Hauptstadt der Mongolischen Volksrepublik, und benötigt für die Strecke Moskau–Beijing ca. 4 ½ Tage. Der andere Moskau-Beijing-Express fährt mit sowjetischen Schlafwagen die östliche Route über die Mandschurei und ist bis zu seinem Endziel Beijing ungefähr sechs Tage unterwegs.

Wir wollten erst einmal nur bis Nowosibirsk, was aber schon etwas über ein Drittel unserer Strecke bis Beijing ausmacht. Gebucht waren 4-Bettabteile der 2. Klasse. Doch die Ehepaare meiner Reisegruppe wollten unbedingt auf ein 2-Bettabteil der 1. Klasse umbuchen. Dank unserer Dolmetscherin Tanja war dies problemlos möglich. Unser Zug nach Nowosibirsk setzte sich aus 15 Schlafwagen, einem Speisewagen und einem Packwagen zusammen. Wir wurden in einem Wagen mit Abteilen sowohl der 1. als auch der 2. Klasse untergebracht, dadurch blieb die Reisegruppe zusammen. Wie in dem Schlafwagen von Aachen nach Moskau wurden die Wagen auf der Transsib von je zwei Schaffnern, hier in der UdSSR auch von Schaffnerinnen, den Provodnik, betreut. Zu den Aufgaben eines Provodnik gehört das Austeilen der Bettwäsche, die Überwachung der elektrischen Anlage des Wagens, auf die Vollständigkeit der Fahrgäste zu achten und den Schlafwagen sauber zu halten. So wurde täglich im Gang und in den Abteilen staubgesaugt, die Toiletten zweimal am Tag und bei Bedarf auch öfters gereinigt. Morgens und am Abend servierten die Provodniks Tee in Gläsern mit einem silbrig verschnörkelten Mantel zum Anfassen. Die Verpackung der Zuckerstückchen war mit Motiven wie Loks oder Wagen der sowjetischen Eisenbahn bedruckt. Nur, bis sich der steinharte Zucker aufgelöst hatte, war der Tee oft schon kalt. Gegenüber vom Dienstabteil der Schaffner stand ein Samowar mit heißem Wasser, an dem sich alle Fahrgäste bedienen durften. Die Toiletten und Waschräume an beiden Enden des Wagens erlaubten nur eine minimale Körperpflege. Wasser zum Waschen entließ der Wasserhahn über dem Waschbecken nur, wenn man mit dem Finger oder Daumen einen Knopf unterhalb des Hahnes hochdrückt. Ließ man den Wasserhahn los, so floss auch kein Wasser mehr. Hier leistete ein Einmachgummi zur Fixierung der Wasserhahnstellung gute Dienste, wollte man sich mit beiden Händen waschen. Geraucht werden durfte im Wagen nicht, nur auf den Plattformen. Da hier meistens keine Aschenbecher waren, hatte das Personal Konservendosen mit den verbogenen Deckeln an den Türen befestigt.

Zunächst fuhr unser Zug Richtung Norden durch Moskauer Vororte, durchquerte nach einer Stunde Fahrzeit Sargost und in der Ferne waren die Türme des fast 650 Jahre alten Sergius-Dreifaltigkeitsklosters mit seinen 13 Kirchen sichtbar. Den ersten nennenswerten Halt von nur ca. zehn Minuten legte der Express in Jaroslawl ein. Jaroslawl nahm in der russischen Geschichte einen wichtigen Platz ein, und was von der russischen Vergangenheit noch zu sehen ist, ist Museum – die Elias-Kathedrale mit ihren tiefblauen Kuppeln oder etwa das Metropoliten-Palais. Direkt hinter Jaroslawl überquerten wir den Oberlauf der Wolga, den längsten Fluss Europas. Die Bahnlinie änderte nun die Himmelrichtung; ab jetzt fuhr unser Zug Richtung Osten, durch die Industriestadt Kirow (km 957) weiter bis Perm (km 1437), nach vorheriger Überquerung der Kama.

Aus dem Werbeprospekt der sowjetischen Eisenbahn: der Jaroslawler Bahnhof in Moskau.

Typisches 4-Bett-Abteil im Schlafwagen der Transsib.

Wir hatten zuvor die erste Nacht im Schlafwagen überstanden. Geweckt wurden wir im Zug mit Tschaikowskis erster Sinfonie „Winterträume"; und dass mitten im Sommer. Aber diese Sinfonie passte treffend zur Stimmung, wenn man die Landschaft vom Abteilfenster aus betrachtete. Gefrühstückt wurde immer im Speisewagen, Mittagessen und Abendessen ebenso. Tanja und ich bestellten für unsere Gruppe das Essen und reservierten die Plätze im Speisewagen, und das jeden Tag zu einer anderen Zeit. Im Zug und auf den Bahnhöfen herrschte jedoch Moskauer Zeit. Real war mit jeder Nacht im Zug eine Zeitdifferenz von einer Stunde entstanden. Die Verpflegung im Speisewagen war gut, jedoch aufgrund der begrenzten Lagerfähigkeiten oft nicht so vielseitig. In größeren Bahnhöfen wurde der Vorrat des Speisewagens ergänzt und verändert. Die vielseitige Karte im Speisewagen verdiente bei unseren Bestellungen wenig Beachtung, da nur Speisen vorrätig waren, welche in der Karte mit Preisen versehen waren. Auch kam es vor, dass andere Gerichte als in der Karte ausgedruckt, angeboten wurden. Alkoholische Getränke waren tabu im Speisewagen. Wodka und der berühmte Schampanskoje (Krimsekt) durften wie andere alkoholische Getränke nicht mehr in den Eisenbahnen verkauft werden. Auch während der längeren Aufenthalte in manchen Stationen suchten wir erfolglos in den Bahnhofsgaststätten nach diesen Getränken. Diese Maßnahmen, so erzählte es uns das Speisewagenpersonal, wären vom neugewählten Generalsekretär Michail Gorbatschow durch Perestrojka (Umbau) und Glasnost (Offenheit) eingeführt worden. Wir konnten einmal dieses Verbot umgehen. Nach einer Bestellung des Mittagessens wurden Tanja und ich in die Küche des Speisewagens eingeladen, zu Weißbrot mit Butter und Kaviar, dazu ein Gläschen Krimsekt, aber hinter verschlossenen Türen.

Hinter Perm wurde die Landschaft merklich hügeliger und der Zug näherte sich den ersten Ausläufern des Urals. Einige glaubten, wir würden nun ein großes Gebirge durchfahren, sahen sich jedoch enttäuscht. Die höchsten Erhebungen des Urals, die wir in diesem Bereich sahen, waren nicht höher als in deutschen Mittelgebirgen. Aber eine Attraktion wollten wir während der Überquerung des Urals nicht verpassen. Am Ende von Kilometer 1777 fuhren wir an einem 4 Meter hohen Obelisken vorbei, die Markierung der Grenze zwischen Europa und Asien. Mit Ankunft in Swerdlosk (km 1818) hatten wir den Ural hinter uns gelassen und waren nun in Asien. Das Schwerindustriezentrum Swerdlowsk mit seinen 1,2 Millionen Einwohnern ist durch die Erschießung Zar Nikolaus II. mitsamt seiner Familie im Jahre 1918 in diesem Ort in die Geschichte eingegangen.

Meine Reisegruppe war jetzt fast eine Woche zusammen und alle lernten sich bei der ersten längeren Bahnfahrt besser kennen. Zwei Ehepaare schlossen Freundschaft miteinander und wurden von den anderen die „Viererbande", wir waren schließlich auf dem Weg in die Volksrepublik China, genannt. Fünf allein reisende Herren buhlten um die einzige allein reisende Dame, allerdings erfolglos. Von einem Ehepaar aus Österreich, sie gebürtig aus Wien, beide ansässig in Innsbruck, erfuhr ich, dass sie viel mit Gewerkschaftsreisen unterwegs wären, aber in Österreich die Gewerkschaft keine Reise nach China angeboten hätte. Sie redete ununterbrochen, meinte aber zu mir, wenn sie sich wiederholen würde, müsste ich ihr das unbedingt sagen. Er, Zivilingenieur der Vermessung im Ruhestand, war der wesentlich stillere von beiden. So fragte ich ihn einmal, da ich bald Architekt wäre, wie es möglich wäre, in Österreich „Geheimer Baurat" zu werden. Seine Antwort, hier würde ich meine Messlatte aber ziemlich hoch aufhängen, und mit Messlatten würde er sich, als ehemaliger Vermessungsingenieur, nun mal richtig gut auskennen.

Nach ungefähr fünf Stunden Fahrtzeit hinter Swerdlowsk erreichte unser Transsibirien-Express Tjumen (km 2144), die älteste Siedlung Sibiriens mit 300.000 Einwohnern. Wir sahen hier in diesem Gebiet riesige Industrieanlagen zur Erdgas- und Erdölförderung. Die nächste Etappe führte über die Flüsse Tabol und Ischim nach Omsk (km 2716), am Ostufer der Irtysch gelegen. Wie an jeder Station achteten die Schaffnerinnen und Schaffner darauf, dass bei längeren Aufenthalten ihre Fahrgäste vor Weiterfahrt des Zuges wieder einsteigen. Mit zwei Fähnchen, einem roten für „Halt" und einem gelben für „Abfahrt" signalisierten sie dem Zugführer vor der Abfahrt, ob ihr Wagen

Aus dem Werbeprospekt der sowjetischen Eisenbahn.

zur Weiterfahrt bereit sei oder nicht. Hinter Omsk durchquerte der Zug die ebene endlose Waldsteppe Westsibiriens. Birken, Birken, Birken. Nach über 50 Stunden Bahnfahrt überquerte der Zug den Ob und erreichte den lokomotivförmigen Hauptbahnhof von Nowosibirsk, der Hauptstadt Westsibiriens (km 3343). Nach dem Ausstieg in Nowosibirsk mussten wir unsere Uhren 4 Stunden weiter vorstellen.

Nowosibirsk

In Nowosibirsk erwartete uns die Intourist-Dolmetscherin Lena, die für unser Programm in Nowosibirsk verantwortlich war. Zunächst ging es ins Hotel Zentralny, im Stadtzentrum gelegen. Zum Abendessen im Hotelrestaurant standen riesige metallische Kessel, aus denen man sich mit Kaffee während des Essens bedienen konnte. Außergewöhnlich

Eine typische Postkarte aus Nowosibirsk.

war, dass die Gäste zwischen den Gängen tanzten. Eine Tanzkapelle spielte ununterbrochen den ganzen Abend.

Am anderen Morgen erklärte uns Lena, dass Nowosibirsk die achtgrößte Stadt der Sowjetunion wäre und im Zuge der Bauarbeiten an der Transsibirischen Eisenbahn in den Jahren 1891–93 entstanden ist. Zuerst wurde die Ansiedlung, welche 1897 schon 15.000 Einwohner zählte, auf den Namen Nowo-Nikolajewsk getauft. 1952 erhielt die Ortschaft am Ob, mittlerweile mit 120.000 Einwohnern zur Großstadt angewachsen, den heutigen Namen Nowosibirsk. In dem sich immer weiter ausdehnenden Eisenbahnknotenpunkt gäbe es jetzt über 1,3 Millionen Einwohner. Historische Bauwerke und Sehenswürdigkeiten aus der vorrevolutionären Zeit würden wir in Nowosibirsk nicht zu sehen bekommen, dafür aber die das Stadtbild prägenden in den letzten Jahrzehnten entstandenen gleichaussehenden Wohnquartiere. Um die neuen Vororte, auch auf der anderen Seite des Ob, verkehrsgünstig

Am Ufer des Ob in Nowosibirsk.

besser an das Stadtzentrum anzubinden, würde gerade in Nowosibirsk eine Untergrundbahn gebaut und dadurch müssten wir, bedingt durch diese Baustellen, immer kleine Umwege in Kauf nehmen.

Nun begann die Stadtrundfahrt. Zunächst über den breiten Krasny (Roten) Prospekt, der wichtigsten Verkehrsader der Stadt mit einer Länge von 10 Kilometern. Am Rande des „Platzes des Sowjets" sahen wir das größte Opernhaus der UdSSR. In diesem, wie ein Pantheon aussehendes Gebäude, „einmalig hinsichtlich seiner architektonischen und bautechnischen Lösung", wie Lena meinte, hat bisher als einziger westlicher Staatsmann Charles de Gaulle einer Vorstellung beigewohnt. Gegenüber vom Operntheater sahen wir ein monumentales Denkmal, dessen Motiv in der UdSSR oft anzutreffen war: Lenin mit Arbeiter, Bauer und Soldat. Weitere Ziele der Stadtrundfahrt waren das Heimatmuseum mit einem Riesenmammut, ein in einem festen Gebäude untergebrachter Zirkus und die moderne Neptun-Schwimmhalle. Für uns jedoch war der freie

Akademgorodok.

Markt am interessantesten. Hier boten Händler aus allen Teilen der Sowjetunion ihre Waren an. Wir wurden von den aus südlich gelegenen Sowjetrepubliken stammenden Händlern animiert, unsere Einwegfeuerzeuge und Kugelschreiber gegen die angebotenen subtropischen Früchte zu tauschen. Auch erfuhren wir, dass die Händler tausende von Kilometern reisen würden, um ihre Waren für einen Tag in Nowosibirsk zu verkaufen. Das Angebot übertraf bei weitem alles, was in den staatlichen Geschäften verkauft wurde, entsprechend hoch waren die Preise.

Nach dem Mittagsessen im Hotel ging es in das 28 Kilometer südlich von Nowosibirsk gelegene Akademgorodok, auch Akademiestädtchen genannt. Akademgorodok umfasste damals 26 Institute, deren Ziel es war, durch theoretische Grundlagen und angewandte Forschungen die natürlichen Reichtümer Sibiriens mit gleichzeitiger Entwicklung entsprechender Industrieanlagen zu erschließen, unter Berücksichtigung der technischen, wirtschaftlichen und ökologischen Probleme Sibiriens.

Der Bahnhof in Nowosibirsk.

23.000 Menschen waren im wissenschaftlichen Zentrum tätig und lebten dort relativ isoliert mit ihren Familien. Neben den wissenschaftlichen Instituten gab es in der mitten im Grünen liegenden Stadt alles, was man zum Leben brauchte: Kaufhäuser, Schulen, Theater, Sportanlagen und Buchhandlungen. Da man einen Wachposten durchfahren musste, um nach Akademgorodok zu gelangen, machte das auf mich den Eindruck, als wenn es nicht gern gesehen würde, dass die Wissenschaftler, die ja alles dort hatten, diesen Ort verlassen. In Höhe des Akademiestädtchens war der Ob durch das gewaltige Ob-Kraftwerk zu einem See von 180 km Länge und 14 km Breite aufgestaut. Die am Ufer angelegten Sandstrände, ein beliebtes Ausflugsziel der Bevölkerung, luden uns zu einem Badeaufenthalt ein. Die Wassertemperatur des ins ewige Eis fließenden Flusses betrug 21°C. und wir fühlten uns fast wie am Mittelmeer, aber nur wegen der Wassertemperatur. Am letzten Tag fuhren wir erst mit dem Schiff auf dem Ob und nach dem Mittagessen mit dem Bus zum Bahnhof.

Nowosibirsk–Irkutsk

Für die nächste Etappe benötigte der Transsibirien-Express ca. 29 Stunden, bis er Irkutsk erreichte. Wir würden durch ein sogenanntes Sperrgebiet fahren. Das Fotografieren wäre strengstens verboten und der Zugführer würde besonders auf die Einhaltung dieses Verbotes achten, teilten uns die Provodniks mit. Eigentlich durften wir sowieso nicht fotografieren, da Bahnanlagen militärische Sicherheitsanlagen waren, die zu fotografieren strengstens verboten war.

Die nächste größere Ortschaft hinter Nowosibirsk war Tajga (km 3570), von wo eine Bahnlinie ins 95 km nördlich gelegene Tomsk abzweigte. Wir fuhren weiter durch die Kohlenreviere von Anschero-Sudschero, bis wir nach 5 1/2 Stunden die Stadt Atschinsk (km 3919) erreichten, deren Gründung ins 17. Jahrhundert fällt. Wir befanden uns nun bereits im Krasnojarsker Gebiet; Wald- und Steppenlandschaften wechselten sich ab und nach weiteren drei Stunden Fahrt erfolgte ein längerer Halt mitten in der Nacht im Bahnhof von Krasnojarsk (km 4104). Bei Krasnojarsk, der früheren Hauptstadt des Gouvernements Jenissejsk, überquerte der Zug den Jenissej, welcher in einer breiten felsigen Schlucht unter der 927 m langen Eisenbahnbrücke, wie der Ob, Richtung ewiges Eis floss. Östlich des Jenissejs ging die Fahrt weiter durch die ostsibirische Taiga, allerdings wurde die Landschaft durch die nördlichen Ausläufer des Ost-Sajan-Gebirges hügeliger und es fehlte an ausgedehnten Sümpfen wie in der westsibirischen Taiga. Über die Ortschaft Kansk (km 4350), welche bereits 1604 besiedelt wurde, fuhren wir weiter nach Tajschet (km 4521), dem Ausgangspunkt der BAM (Baikal-Amur-Magistrale), welche weiter nördlich weitab der chinesischen Grenze, also sicherer, parallel zur Transsib verläuft und sich noch im Bau befand. Von Tajschet ging es in südöstlicher Richtung über Tscherjeinchowo (nicht gefunden/überprüfen) und Angarsk bis zu unserem Ziel Irkutsk (km 5190).

Irkutsk

Ankunft am Abend in Irkutsk, der Hauptstadt Ostsibiriens. Wir wohnten im Hotel Intourist, am Ufer der Angara gelegen; betreut wurden wir von der Intourist-Dolmetscherin Swetlana. Irkutsk kann im Gegensatz zu Nowosibirsk auf eine längere Vergangenheit zurückblicken. 1652 gründeten die Kosaken auf der Angara-Insel eine Station, um bei den ansässigen Völkerstämmen Tribute in Form von Fellen und Pelzen einzutreiben. Da den russischen Eroberern starker Widerstand durch die einheimischen Burjäten entgegengesetzt wurde, baute man die Station 1661 zu einer Festungsanlage um, die den Namen Irkutsk bekam. Von hier zogen Handelskarawanen nach China, in die Mongolei und weiter nach Osten, bis nach Alaska. Im 19. Jahrhundert gewann Irkutsk immer mehr an Bedeutung. Aber auch als Verbannungsort ist Irkutsk in die Geschichte eingegangen. Viele der aufständischen Dekabristen, die als fortschrittliche Offiziere eine Verschwörung gegen den damaligen Zaren Nikolaus I. im Dezember 1825 anzettelten, mussten mit ihren Familien, als Gegner der monarchistischen Ordnung in Russland, ihren Lebensabend im Verbannungsort Irkutsk verbringen.

Ein Großbrand im Jahre 1997 zerstörte fast die ganze Stadt, nur wenige der traditionellen Holzhäuser blieben erhalten. In der 500.000 Einwohner zählenden Stadt fühlten wir uns nicht wie in einer Großstadt. Wir verglichen die Hauptgeschäftsstraßen mit ruhigen Vorortstraßen unserer Hauptstädte. Fast im Zentrum befanden sich noch die typischen sibirischen Holzhäuser mit Schnitzereien und blau oder grün angemalten Fensterrahmen und Türen. Während der Stadtrundfahrt am nächsten Morgen wurden uns die Kunstgalerie, die Idanow-Universität, das Dramatische Theater, der große Kirow-Platz und das Haus der Pioniere gezeigt. Ferner das im klassizistischen Stil erbaute „Weiße Haus“, die Residenz des Generalgouverneurs im 19. Jahrhundert, in

Das Bahnhofsgebäude von Irkutsk am Ufer der Angara.

dem jetzt die Stadtbibliothek untergebracht war. Nicht nur Washington besitzt ein „Weißes Haus", sondern eben auch Irkutsk. Gegenüber dem „Weißen Haus", an der Uferpromenade der Angara gelegen, stand das Heimatkundemuseum mit seiner roten Fassade, als „Rotes Haus" bezeichnet. Das wiederum hat Washington nicht. Zum Abschluss der Stadtrundfahrt wurden wir zum Heldendenkmal für die Irkutsker Opfer des Kampfes gegen den Faschismus, am Ufer der Angara gelegen, gebracht, wo, wie uns Swetlana berichtete, nur die besten Irkutsker Schüler Ehrenwache stehen dürften. Jede Stunde, bei schlechtem Wetter alle 15 Minuten, wurden die wachestehenden Schüler durch eine neue Delegation im Stechschritt abgelöst, welche sich mit zackigen Be-

Anleger an der Angara.

wegungen um die ewige Flamme im Zentrum der Gedenkanlage neu gruppierte, um hier ebenfalls regungslos zu verharren.

Nach der Stadtrundfahrt fuhren wir zum 60 km entfernten Baikalsee. Oberhalb des Sees, im Baikal-Hotel, fand das Mittagessen statt. Der See mit einer Länge von 636 km, einer Breite bis zu 79 km und einer Tiefe von 1.620 m ist nicht das größte, aber das tiefste Binnengewässer der Welt und enthält 20 % der gesamten Süßwasservorräte unseres Planeten. 336 Flüsse münden in den Baikalsee, und die Angara ist der einzige Abfluss.

Und das kam so zustande: Der alte Gevatter Baikal hatte über 300 Töchter (die Flüsse, welche in den Baikal münden), eine schöner als die andere und mit Augen so strahlend blau wie der Himmel oder so leuchtend grün wie die Blätter der Birken. Er hielt sie sorgfältig verborgen, da er keine verlieren wollte und sie lebten glücklich bei ihm. Nur seine Lieblingstochter, die mutige Angara, schaute ab und zu sehnsüchtig in

Sibirische Holzhäuser in Irkutsk.

die Ferne und träumte vom weiten Meer. Eines Tages hörte sie die Tiere des Waldes von einem tapferen Jüngling erzählen, der Jenissej hieß und aus den hohen schneebedeckten Bergen kam. Kraftvoll und ungestüm suchte er den weiten Weg nach Norden zum Eismeer hin. Sie zögerte lange, da sie ihren Vater und die fröhlichen Schwestern nicht verlassen wollte, aber eines Nachts fasste sie sich ein Herz und schlich sich leise davon. Sie hatte schon ein ganzes Stück Weg geschafft, als eine eifersüchtige Möwe sie bei ihrem Vater verriet. Der alte Baikal war außer sich vor Zorn und warf ihr Steine nach, um sie aufzuhalten. Aber die Angara wollte nicht mehr zurück und floh durch die Wälder, bis sie den Jenissej traf. Der Jüngling freute sich über die wunderschöne Gefährtin und seitdem gehen sie den langen Weg nach Norden gemeinsam. Den größten der Steine, die der alte Baikal nach seiner Tochter warf, kann man heute noch sehen – der Schamanenstein, der in der Nähe von Listwjanka aus dem Wasser ragt.

Stadtleben in Irkutsk.

Am nächsten Tag fuhren wir ca. 80 km südlich von Irkutsk zum Taiga-Picnic. Dieses Picknick fand zum Glück nicht im Freien statt, sondern in einem schönen Holzgasthaus mitten in der Taiga. Wer sein Mückenschutzmittel vergessen hatte, hatte draußen vor der Türe sein Nachsehen. Nach dem Essen besichtigten wir ein typisches ostsibirisches Dorf und meine Reisegruppe machte sich Sorgen, wie die Einwohner bei Dauerregen mit den unbefestigten Straßen zurechtkommen würden. Wir hatten schönes Wetter und waren pünktlich zum Abendessen in Irkutsk. Vor unserer Abreise am nächsten Tag besuchten wir noch das Heimatkundemuseum, also das „Rote Haus“ um danach rechtzeitig am Bahnhof auf der anderen Seite der Angara zu sein.

Irkutsk–Beijing

Vormittags verließen wir mit dem Zug 20 den Irkutsker Bahnhof, um über die Mandschurei die nächsten 3.355 Kilometer bis Beijing, der Hauptstadt der Volksrepublik China, zurückzulegen. Kurz nach Abfahrt sammelte das Schlafwagenpersonal unsere Pässe ein, da wir eine Fahrkarte bis in die VR China besaßen und registriert werden mussten. Die Namen der grenzüberschreitenden Reisenden wurden in einer Liste eingetragen, danach bekamen wir die Pässe zurück. Kurz hinter Irkutsk fuhr der Zug 200 Kilometer am felsigen Süd-Ost-Ufer des Baikalsees vorbei. Die erste bedeutende Ortschaft war Ulan-Ude (km 5647), die 1775 das Stadtrecht bekam und ebenfalls, wie Irkutsk, ursprünglich Verbannungsort war.

Hinter Ulan-Ude, in Sandinski (km 5654) zweigte die Linie in die VR China ab. Sie führte über den Grenzbahnhof Nauski durch die Mongolische Volksrepublik und deren Hauptstadt Ulan-Bator nach Beijing. Erst seit 1965 konnte diese kürzere Strecke, die auch fahrplanmäßig einen Halt an der Großen Mauer einplant, durchgehend befahren werden. Wir hatten die längere Stracke gebucht. Unser Moskau-Beijing-Express über die Mandschurei fuhr weiter den Fluss Chilok entlang bis Tschita (km 6203). Tschita entwickelte sich zu einem bedeutenden Handelszentrum, nachdem ein Teil der am Dekrabistenaufstand beteiligten Umstürzler dorthin verschickt wurde. Bis Karymskaja (km 6299) fuhr unser Zug durch unendliche Birkenwälder, vorbei an den Flüssen Ingoda und Schilka. Hier in Karymskaja verließ unser Zug die elektrifizierte Transsibirische Magistrale, und mit Diesellok versehen ging die Fahrt weiter Richtung Süd-Osten. In Borsia (km 6549), der Zug hatte das Borstschowotschnygebirge schon überquert, wurden die Kurswagen nach Bain-Tumen in der östlichen Mongolei vom Zug getrennt. Wir brauchten noch 2 bis 3 Stunden bis zur sowjetischen Grenzstation Zabaikalks.

Vor der Ankunft bekamen wir wieder eine Zolldeklaration. In dieser musste eingetragen werden, was aus der UdSSR an Devisen und

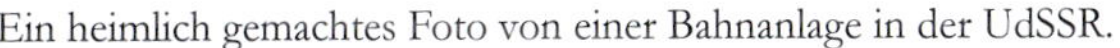

Ein heimlich gemachtes Foto von einer Bahnanlage in der UdSSR.

Wertsachen ausgeführt wurde. Meine Reisegruppe hatte wenig in der UdSSR ausgegeben, außer Trinkgeld und Geld für ein paar eingekaufte Sachen aus den Berioska-Läden. In Zabaikalsk angekommen, wurden wieder unsere Pässe eingesammelt und kontrolliert, ob wir im Besitz eines Visums für die VR China sind. Nach dieser ersten Kontrolle musste der Zug verlassen werden. Da die Eisenbahn in China nicht, wie in der UdSSR auf einer Breitspur unterwegs ist, sondern die gleiche Spurbreite wie bei uns benutzt, mussten die Wagen in Zabaikalsk wieder umgespurt werden. Unser Zug wurde aus diesem Grund zu einem Kran hinter dem Bahnhofsgelände gefahren und dort ähnlich wie in Brest, mit neuen Drehgestellen versehen. In dieser Zeit hatten wir Ge-

In der Volksrepublik China war das Fotografieren der Bahnanlagen erlaubt.

legenheit, unsere offiziell getauschten Rubel in der in der ersten Etage des Bahnhofsgebäudes befindlichen Bank wieder umzutauschen, allerdings nur in US-Dollars. Nach erfolgtem Umspuren wurde der Zug in den Bahnhof geschoben und nach Einstieg bekamen wir unsere Pässe wieder. Minuten vor der planmäßigen Abfahrt kam eine chinesische Dampflokomotive, um unseren Zug nach Beijing abzuholen. Bis zur eigentlichen Grenze fuhren sowjetische Soldaten auf den Trittbrettern der Wagen mit. Nach einem kurzen Halt vor der Grenze, damit die sowjetischen Soldaten abspringen konnten, fuhr der Zug auf chinesisches Territorium, wo chinesische Soldaten einstiegen. Bis Manzhouli, dem chinesischen Grenzbahnhof, waren es noch ungefähr 15 Minuten.

In Manzhouli angekommen, wurde der Zug über Bahnhoflautsprecher mit Musik empfangen. Das Bahnhofsgebäude war bunt erleuchtet. Wir fühlten uns nach der Grenzstation in Zabaikalsk, wo eigentlich alles öde und grau war, auf einmal in einer anderen Welt. Aber auch hier zunächst einmal wieder Pass- und Zollkontrolle. Pässe und Visum wurden eingesammelt, Zolldeklarationen, in denen Devisen, Kameras, Uhren und eventuell mitgebrachte Fahrräder etc. eingetragen werden mussten, ausgeteilt. Danach durften wir den Zug verlassen. Im Bahnhofsgebäude, wo überall Fernseher an den Wänden hingen, in denen singend auf die Errungenschaft der Volksrepublik hingewiesen wurde, wurden wir mit Tee empfangen. Ein Beauftragter vom CITS, China International Travel Service, auch Lüxingshe genannt, dem staatlichen chinesischen Reisebüro, begrüßte mich und gab mir erste Informationen für unsere Ankunft in Beijing. Neben dem CITS-Büro befand sich auch der Geldwechselschalter. In China existierten zwei Währungen, im Wert völlig identisch, nebeneinander. Renminbi (RMB) oder Volksgeld in Yuan hieß die inländische Währung für die Einwohner der VR-China. Für Ausländer gab es eine Art Ersatzwährung in Form von Devisengeld, Foreign Exange Certificate (FEC), ebenfalls in Yuan. In Freundschaftsgeschäften, Hotels und anderen Einrichtungen für ausländische Besucher konnte nur mit FEC bezahlt werden, hier wurde kein Yuan Renminbi akzeptiert. Mit FEC konnte alles bezahlt werden. D-Mark, US-Dollar, Schweizer Franken und japanische Jen wurden in FEC getauscht. Österreichische Schillinge kannte der chinesische Wechselbeamte nicht. Zum Glück hatten meine Österreicher aus der Reisegruppe auch DM und Dollars dabei.

Jetzt mussten wieder unsere Uhren umgestellt werden, denn in ganz China galt die Beijinger Zeit. Wer seine Uhr nach Zabaikalsker Ortszeit gestellt hatte, musste sie um 2 Stunden zurückstellen, Uhren, die nach Moskauer Zeit gestellt waren, mussten um 4 Stunden vorgestellt, und wem das alles zu kompliziert war, der richtete sich nach der Bahnhofsuhr in Manzhouli. Nach dem anderthalbstündigen Aufenthalt bekamen wir unsere Pässe zurück, ein chinesischer Speisewagen wurde angekoppelt. Das Abendessen im Speisewagen, das erste Essen in der VR-China, war für einige aus meiner Reisegruppe eine echte Herausforderung. Denn jetzt musste mit Stäbchen gegessen werden. Bevor ich essen konnte, war ich damit beschäftigt, zu zeigen, wie die Stäbchen in der rechten Hand mit Daumen und Zeigefinger gehalten und mit Mittel- und Ringfinger geführt werden mussten. Einige hatten zu Hause geübt, andere verlangten nach mehreren missglückten Versuchen nach einer Gabel, die es allerdings nicht gab, dafür allerdings Löffel. Beruhigend war, dass es zum Essen das in ganz China verbreitete Qingdao-Bier gab. Dieses bekannte Bier aus Qingdao (Tsingtau) ist noch aus der Zeit, als das kaiserliche Deutschland 1898 die Bucht von Kiautschou annektierte und dort in Tsingtau eine Brauerei errichtete, übriggeblieben.

Auch erzählte ich meiner Reisegruppe beim Abendessen im Speisewagen, dass wir in Beijing, wie ich erfahren hatte, im Lido-Hotel untergebracht würden. Bei einigen kam Unmut auf, als sie „Lido-Hotel“ hörten. Schließlich würden ungepflegte und schmutzige Hotels an der Adria solche Namen führen. Unser Zug fuhr über das Hinggangebirge durch die chinesische Mongolei bis zum östlichsten Punkt dieser Reise, Harbin (km 7913), am Fluss Jiang, einem Nebenfluss des Amur, gelegen. Harbin, früher Pinkiang, war bis zum Beginn des 20. Jahrhunderts ein kleines Fischerdorf. Jedoch als in der Mandschu-Dynastie dem Zaren erlaubt wurde, eine Zweigstrecke der Transsibirischen Eisenbahn durch Harbin zu verlegen, kam durch Russen und andere Ausländer der Aufschwung in diesen kleinen Ort. An diese Zeit erinnern noch die vielen russischen Bauwerke in Harbin, wie Kirchen mit Zwiebeltürmen und Häuser mit pastellfarbenen Anstrichen. Jetzt war Harbin ein bedeutendes Handelszentrum sowie Industriestadt mit 2 Millionen Einwohnern. Im Bahnhof von Harbin bekamen wir zum ersten Mal mit, wie die Abfahrt der Züge geregelt wurde. Sie wurde durch Klingelzeichen bekanntgegeben. Beim ersten Klingeln werden die Reisenden aufgefordert, wieder in den Zug zu steigen und das zweite Klingeln signalisierte die Abfahrt des Zuges. Unsere Fahrt ging weiter in südwestlicher Richtung über Changchun, Chinas größter Lieferant von Ginsengwurzeln, nach Shenyang (km 8160). 1625 wurde Shenyang die Hauptstadt der Mandschus. Der Kaiserpalast der Mandschus in Shen-

Auf dem Bahnhof von Harbin.

yang sollte der Verbotenen Stadt in Beijing in nichts nachstehen und besteht aus 70 Gebäuden mit 300 Räumen. Eine Nachtfahrt trennte Beijing noch von Shenyang. In den frühen Morgenstunden hatte unser Moskau-Beijing-Express bereits die Vororte von Beijing erreicht, Straßen und Parkanlagen waren voller Menschen, die mit dem Schattenboxen beschäftigt waren. Pünktlich um 6:00 Uhr morgens erreichten wir den Hauptbahnhof von Beijing (km 9001).

Beijing

Am Bahnsteig im Hauptbahnhof erwartete uns schon Herr Wan Kai, unser ständiger Begleiter für unseren Aufenthalt in der VR China. Herr Wan sprach fließend und akzentfrei Deutsch. Auch kein L für R, wie wir es aus der Serie Bonanza von der Ponderosa-Ranch kannten, wo der chinesische Koch Hop-Sing stets Mistel Caltwlight sagte statt Mister Cartwright. Vom Bahnhof fuhren wir sofort zum Lido-Hotel, unserer Bleibe für den Aufenthalt in Beijing. Das Lido-Hotel entpuppte sich, entgegen der Vermutung einiger meiner Reisenden, nicht als heruntergekommenes Adria-Hotel, sondern als modernes Hotel, das zur Holiday-Inn Gruppe gehörte und das erste nicht staatliche Hotel in Beijing war. Allerdings würde dieses Hotel noch weiterwachsen, wie das Modell in der Lobby es zeigte. Ansonsten gab es in Beijing die vielen in die Jahre gekommenen Freundschaftshotels aus sowjetischer Feder. Nach der Zimmerverteilung ging es mit zwei Kleinbussen zum Jingshan-Park, im chinesischen Volksmund auch Kohlenhügel genannt, nördlich der verbotenen Stadt gelegen. Dieser Park, wahrscheinlich durch Aufschüttung der ausgegrabenen Wehranlage der Verbotenen Stadt entstanden, bestand aus fünf Erhebungen und war der höchste Punkt im alten Beijing. Von hier hatten wir eine herrliche Sicht auf die gelben Dächer der Kaiserstadt und den danebengelegenen Baihai-Park.

Es war laut, denn die Zikaden in den Bäumen machten einen Höllenlärm. Und überall flanierten die Leute. Nicht wie bei uns, wo in Parks schon einmal ein stilles und einsames Plätzchen zu finden ist. Herr

Wan erklärte, dass es nicht wie in Deutschland einen freien Tag wie den Sonntag geben würde, wo alles ruhiger wäre. Die Leute hätten schon einen freien Tag in der Woche, aber eben nicht nur am Sonntag, sondern gemischt auch an einem anderen Tag in der Woche. Dann ging es zum nahegelegenen Baihai-Park, mit seinem im 12. Jahrhundert angelegten See, der von einer Pagode, die mehr an Nepal erinnerte und anlässlich eines Besuches eines Dalai Lamas im 17. Jahrhundert errichtet wurde. Zum Mittagessen fuhren wir in ein Restaurant in der Stadt. Wir wurden in einen Saal im ersten Stock geführt und an einem riesigen runden Tisch platziert, auf dem eine gewaltige runde bewegbare Platte installiert war. Nach und nach stellte das Personal die unterschiedlichsten Gerichte aus verschiedenen Fleisch- und Fischvariationen, Gemüseplatten, Gerichte aus Algen, Reis und Süßspeisen auf diese Platte. Für die Stäbchenunerfahrenen gab es Gabeln. So konnten wir uns von allem bedienen, und wenn ein Gericht zu weit entfernt war, drehte man die Platte und holte sich das gewünschte Gericht an seine Seite. Es ging geordnet zu. Wenn sich jemand ein bestimmtes Gericht heranholen wollte, wurde dies nicht gestört. Herr Wan berichtete, dass es üblich wäre, Süßspeisen während des Hauptgangs zu essen, die Suppe allerdings erst zum Schluss des Essens, damit auch jeder Platz im Magen gefüllt werden könnte. Köche hätten in China den gleichen Status wie Ärzte, da sie mit dem Essen zur Gesundheit der Bevölkerung einen wichtigen Beitrag leisten würden. Ich fragte Herrn Wan, warum wir oben in einem separaten Raum des Restaurants essen würden und nicht unten, wo die einheimischen Gäste speisten. Das wäre einem Ausländer nicht zuzumuten, meinte Herr Wan. Chinesen rülpsen und schmatzen beim Essen und abgenagte Knochen würden unter die Tische geworfen. Auch sonst ginge es gemäß unseren Vorstellungen nicht eben gesittet zu.

Nach dem Essen fuhren wir zum Himmelstempel im Süd-Osten der Stadt. Glanzstück dieser Tempelanlage, auch Tintan-Park genannt, ist der Tempel des Erntegebetes, ein Rundgebäude mit dreistufigem Dach. Dieses Dach ist, wie auch alle anderen Tempel in dieser Anlage, mit blauen lasierten Ziegeln gedeckt. Im ersten Mondmonat des Jahres trug man in einer feierlichen Prozession den Kaiser in den Himmelstempel, in dem er den Himmel um eine gute Ernte anflehte. 1889 traf ein Blitz den Tempel und dieser brannte völlig nieder. Der Kaiser, der als einziger die Harmonie zwischen Himmel und dem chinesischen Volk herstellen konnte, verlor durch diesen Vorfall an Glaubwürdigkeit und das Palastpersonal versuchte, durch Ausreden und dem baldigen Neubau nach den ursprünglichen Plänen, diese Sache in Vergessenheit geraten zu lassen.

Nach dem Himmelstempel besuchten wir einen der ersten freien Märkte Beijings. Bauern aus der Umgebung verkauften, was von ihren Feldern für den freien Verkauf bestimmt war. Zumeist war das Weißkohl, welcher fast an jedem Stand angeboten wurde. Doch einem Stand galt ein besonderes Interesse. Hier saßen Schnitzer, die die kleinen roten Stempel

Die Hauptverkehrsstraße vor der Verbotenen Stadt am Platz des Himmlischen Friedens.

herstellten, die auch, wie wir erfuhren, als Unterschrift in China genutzt würden. Einige meiner Reisenden sagten Herrn Wan ihren Vornamen, dieser schrieb in chinesischen Lettern den Namen auf und übergab die aufgeschriebenen Schriftzeichen dem Stempelhersteller. Später konnten wir gegen Bezahlung den Stempel abholen. Mein Vorname konnte nicht ins Chinesische übersetzt werden, so erhielt ich einen kleinen quadratischen Stempel mit meinem Namen in lateinischen Buchstaben.

Vom Markt ging es in eine Jadekunstschleiferei. In einer großen Halle saßen Frauen und Männer hinter großen Fräs- und Schleifmaschinen und schnitzten aus den unterschiedlichsten Jadestücken in den Farben von Weiß bis Dunkelgrün bizarre Gebilde wie Drachen und andere

Der Himmeltempel in Beijing.

Tiere. Auf meine Frage, warum die Hälfte des anwesenden Personals am Arbeitsplatz schlafen würde, erhielt ich als Erklärung, dass diese Arbeit sehr anstrengend sei und deshalb ausgiebige Ruhepausen gestattet würden. Nach dem Besuch eines angeschlossenen Geschäftes, hier fand der Werksverkauf statt, gingen wir zum Abendessen in die Kantine der Jadeschleiferei, die mit jedem Restaurant mithalten konnte. Den Abend verbrachten wir im „Internationalen Club". Dieser wurde 1972 als wichtiger diplomatischer Veranstaltungsort an einem Wendepunkt in Chinas Außenpolitik errichtet, der sich von der UdSSR in Richtung USA und Westeuropa verlagerte. Der Beijing International Club diente tatsächlich einer privilegierten Gruppe von Menschen, darunter sowohl westliche Ausländer als auch hochrangige chinesische Beamte. Der Lebensstil im Beijing International Club war von Natur aus westlich. Es hieß, jede Woche fand im International Club eine Tanzparty statt. Der Ballsaal auf der zweiten Ebene von Teil III war groß genug für 500

Markt in Bejing.

Personen und mit Bartheke und Hochstühlen ausgestattet. Wir waren in einem großen Theatersaal und erlebten neben einer traditionellen Theateraufführung auch chinesische Schlagerstars, die uns hauptsächlich mit aktuellen japanischen Schlagern unterhielten.

Der zweite und letzte Tag in Beijing begann mit einem Ausflug zum Sommerpalast. Da wir auf dem Weg dorthin am Zoo von Beijing vorbeikamen, bat ich im Namen meiner Reisegruppe um einen Halt, um die Panda-Bären im Zoo zu besuchen. Allerdings hatten die Panda-Bären kein besonderes Interesse an uns. Ein Foto vom bambusfressenden Panda war nicht möglich. Sie drehten uns leider nur ihren Rücken zu. Vom Zoo ging es dann zum Sommerpalast. Der nordwestlich vom Zentrum gelegene Sommerpalast wurde 1153 unter Kaiser Wanyan erbaut. Den Kumning-See, an dem alle Gebäude des Sommerpalastes liegen, gruben auf Befehl des Kaisers Qian Long riesige Baukolonen im Jahre 1750. 1888 ließ die Kaiserwitwe CiXi mit Geldern, die für den

Motorräder in Bejing.

Bau einer Flotte bestimmt waren, den von einer englisch-französischen Interventionsarmee zerstörten Park erneuern. Die 283 ha große Anlage gliederte sich in vier Bereiche:

- Die kaiserlichen Wohngemächern und die Wohnhallen
- Die Hallengruppe, die aufwärts zum Tempel des Sees der Weisheit führt
- Die Ruinen des alten Palastes am Abhang des Hügels
- Die Seen (Kumning-See, Südsee und Westsee) mit der Südseeinsel und der Uferbebauung

Wir bekamen von allem einen kurzen Eindruck und ein Mittagessen im Restaurant des Sommerpalastes.

Der Weg zum Bahnhof führte uns am Tian'anmen-Platz vorbei, wo ein längerer Aufenthalt eingeplant war. Zentrum Beijings ist der Tian'anmen-Platz, mit 40 ha als größter Stadtplatz der Welt bezeichnet, auf dem sich angeblich eine Million Menschen versammeln können.

Pandas im Zoo Bejing.

Zum Glück waren nicht so viele auf dem Platz, als wir dort ankamen. Ursprünglich hatte dieser Platz nur ein Viertel seines jetzigen Umfangs. Unter Mao Zedong, der hier am 1. Oktober 1949 erstmals die Fahne des heutigen Chinas hisste, wurde der Platz auf seine jetzige Größe erweitert. Auf dem Platz steht ein Obelisk, auf den in Maos nachempfundener Handschrift der Text „Ewiger Ruhm den Helden des Volkes" eingraviert ist. Das jüngste Bauwerk auf dem Tian'anmen-Platz ist die Mao-Zedong-Gedächtnishalle, in der der einbalsamierte Körper des Vorsitzenden Mao Zedong ruht und die größer als das Leninmausoleum auf dem Roten Platz in Moskau ist; allerdings ist sie nicht täglich, wie das Leninmausoleum, geöffnet. An der Westseite des Tian'anmen-Platzes befindet sich die Große Halle des Volkes, erbaut 1959, in der der Nationale Volkskongress tagt. Im Norden schließt sich das Tor des Himmlischen Friedens an, welches zum Kaiserpalast (Verbotene Stadt) führt.

Der Tian'anmen-Platz - die Verbotene Stadt.

Beijing–Luoyang

Wir fuhren zum Hauptbahnhof von Beijing, der zu den „Zehn großen Gebäuden der Hauptstadt" (neben der Großen Halle des Volkes, der Kunstgalerie etc.) gehörte, und vor dem 10. Jahrestag der VR China 1959 errichtet wurde. Täglich stiegen hier 200 000 Menschen ein und aus. Die chinesischen Staatsbahnen verkauften eine Milliarde Fahrausweise pro Jahr, was bedeutete, dass ungefähr (statistisch gesehen) jeder Chinese einmal pro Jahr mit der Eisenbahn unterwegs war. Jetzt fuhren wir das erste Mal in Wagen der chinesischen Eisenbahn.

Das weiße Profil einer Schiene unter einem Halbkreis auf rotem Grund, dieses Symbol der staatlichen Eisenbahn tauchte immer dann auf, wenn wir mit der Eisenbahn fuhren. Es steckte an den marineblauen Ballonmützen des Zugpersonals und hing an den Dampf- und Dieselloks. Die Eisenbahn war mit ihrem 53 000 km langen Netz das Haupttransportmittel in der Volksrepublik. Der Autoverkehr beschränkte sich auf die Großstädte und die lokale Infrastruktur; das Flugnetz der staatlichen Fluggesellschaft CAAC umspannte zwar das ganze Land, aber die Transportkapazitäten der Flugzeuge waren begrenzt. Im klassenlosen China existierten keine Eisenbahnwagen der 1. und 2. Klasse, hier wurde zwischen „hart" und „weich" unterschieden.

Wir fuhren nach Luoyang „weich". Im Bahnhof von Beijing war es, wie auf allen Bahnhöfen der Volksrepublik, nicht gestattet, einfach auf den Bahnsteig zu gehen und dort auf seinen Zug zu warten. Hier ging es gesitteter zu als bei uns zu Hause. Der Zug fuhr ein, die Fahrgäste stiegen aus, und erst dann wurden die Türen zum Bahnsteig geöffnet, um zum Zug zu gelangen. Uns, Fahrgäste der weichen Klasse, führte ein Bahnbeamter in einen separaten Raum mit Sesseln und Sofas, es wurde Tee angeboten. Kurz vor Abfahrt ging es zu unserem „Soft Sleeper" – ran wo`che –. Diesen Schlafwagen der weichen Klasse benutzten in der Regel – außer hohe Militärs oder Funktionäre – nur ausländische Reisegruppen und Geschäftsleute. Die Abteile mit vier Betten waren in der Größe identisch mit den Abteilen in den sowjetischen Schlafwagen, jedoch komfortabler mit Spitzendecken und Plüschbetten ausgestattet. Für jeden Reisenden stand auf dem Tisch unter dem Abteilfenster eine Deckeltasse für Tee. Die bunte Thermoskanne mit heißem Wasser befand sich unter dem Tisch und wurde laufend wieder aufgefüllt. Tee verkaufte das Schlafwagenpersonal für einige Fen. Teeaufgussbeutel waren in China fast unbekannt. Auch nach mehrmaligem Aufgießen verlor dieser typische grüne chinesische Tee kaum an Aroma. Während der Tagesfahrt hörten wir aus den Lautsprechern in den Abteilen Musik und Informationen in chinesischer Sprache. Im Gegensatz zur harten Klasse, wo nur ein Lautsprecherregler für den gesamten Wagen vorhanden war, konnten wir in der weichen Klasse in den Abteilen die

Ran wo´che – soft sleeper, Abteil der „weichen" Klasse.

Musik auch ganz abschalten. Zwischen Raucher- und Nichtraucherabteilen wurde nicht unterschieden; geraucht werden durfte überall, nur sollte es Mitreisende nicht stören.

Interessehalber wollte ich auch wissen, wie es in der harten Klasse zuging. Der „Hard Sleeper" – ying wò che –, war in etwa mit einem Liegewagen zu vergleichen. Hier gab es pro Kabine sechs Liegen, je drei übereinander, allerding kein geschlossenes Abteil, sondern zum Gang hin offen. Teetassen mussten mitgebracht werden. Die Chinesen benutzten Marmeladengläser mit abschraubbarem Deckel für den Tee, was auch sehr sinnvoll war, denn durch die offenen Fenster kam einiges an Rußpartikeln von der Dampflok in die harte Klasse. Abends ging es in den Speisewagen. Leider war das Bier aus und meine Gäste weigerten sich, den servierten Lychee-Saft zu trinken. Der von mir daraufhin servierte chinesische Weißwein verbesserte die Stimmung sofort. Als ich mein Fischgericht gegenüber dem Oberkellner lobte, bekam ich

Bejing Hauptbahnhof.

noch eine kleine zweite Portion serviert und danach eine Einladung in die Küche des Speisewagens. Was ich hier vorfand, war wirklich atemberaubend, und dies nicht nur durch die dampfende Zubereitung, sondern dass auf einem offenen Feuer unterhalb der Herdplatten gekocht wurde. Den Feuerlöscher suchte ich vergeblich. Danach wurde ich zu einem Gläschen Schnaps eingeladen. Ich wusste, jetzt musste man vorsichtig sein. Ich hatte einmal einen Artikel gelesen, in dem ein Journalist seine Erfahrungen mit chinesischem Schnaps bildhaft schilderte. Man würde sein erstes Mal nie vergessen, legendärer Fusel, 56 % Alkohol, das Billigste vom Billigen. Lange das Grundnahrungsmittel Beijinger Taxifahrer, Stahlarbeiter und Poeten, mit einer Note Kakerlakengift und mehr als nur einem Hauch Abflussreiniger im Abgang. Ich hatte Glück, mein erstes Mal schmeckte eher nach Flugbenzin.

Frühmorgens Ankunft in Luoyang, zum Glück ohne einen dicken Kopf.

Bejing Hauptbahnhof.

Luoyang

Wir, die Besucher Luoyangs, wohnten im Freundschaftshotel, am westlichen Stadtrand gelegen. Dieser Hotelkomplex bestand aus einem älteren und einem neueren Gebäude, jedes mit Geldwechselschalter, Souvenirladen und einer Bar, Postschalter und Friseur gab es nur im alten Gebäude. Ein neuer Erweiterungsbau stand kurz vor seiner Fertigstellung.

Nach dem Frühstück im Hotel besuchten wir zunächst zwei Gräber aus der Han-Dynastie im Arbeiterpark, an dessen Eingang eine überlebensgroße Statue Mao Zedongs stand. Diese unterirdischen Grabstätten mit ihren Wandmalereien sind als Zeugen für Kunst und Architektur der Han-Dynastie von großer Bedeutung, wie uns die örtliche Reiseleiterin von Lüxingshe erläuterte. Nach der Besichtigung einer kunsthandwerklichen Fabrik gab es in der Werkskantine Mittagessen für uns. Danach fuhren wir zur Hauptsehenswürdigkeit von Luoyang, den buddhistischen Höhlentempeln von Longmen, 13 Kilometer südlich außerhalb der Stadt gelegen. Die Grotten liegen im Yihe-Flusstal zwischen dem Duft-Berg und dem Longmen-Berg. Der Bau der Grotten begann in der Nördlichen Wie-Dynastie und dauerte ca. 400 Jahre bis in die Zeit der Tang-Dynastie. Diese Anlage aus dem 5. bis 8. Jahrhundert umfasst 1.352 Grotten, 750 Felsnischen und 97.306 Statuen. Zur Zeit der Kulturrevolution wurden viele Buddha-Figuren zerstört oder stark beschädigt. Aber auch Witterungseinflüsse, Vandalismus und nicht zuletzt Kunsträuber aus aller Welt hatten ihren Anteil an der Zerstörung bzw. Ausplünderung der Grotten. Aber was wir sahen, war schon gigantisch.

Nach der Besichtigung fuhren wir wieder zurück ins Freundschaftshotel in die Stadt. Wie in Beijing hatten wir in Luoyang auch wieder zwei Kleinbusse japanischer Herkunft. Wir waren – außer ein paar LKW´s – fast die einzigen, die mit einem Auto unterwegs waren. Alle fuhren hier mit dem Fahrrad. Viele Bauern aber hatten eine Art Lenker mit Motor, der vor eine Ladefläche gespannt war. Die Fahrer saßen auf der Ladefläche und steuerten von dort ihr Gefährt mit dem vorge-

Postkarte Luoyang.

spannten Lenker. Oft passierte es, dass bei einer plötzlichen Bremsung der fahrende Bauer über den Lenker schoss und auf die Straße fiel. Da die Landung auf die Straße fast immer glimpflich verlief, hatte ich den Eindruck, dass dieses Bremsmanöver gut eingeübt war.

Vor dem Abendessen im Hotel war noch Zeit, um in den älteren Hotelkomplex zu gehen und in der Poststation Ansichtskarten und Briefmarken zu kaufen. Die Höhe des Portos für die Karten nach Europa richtete sich nach der Beförderung, also „schnell" oder „langsam". Schnell dauerte ca. eine Woche, wie ich später zu Hause erfahren sollte.

Nach dem Frühstück fuhren wir in das damals noch nicht so bekannte Shaolin-Kloster am Fuße des heiligen Song Shan-Bergs. Bekannt ist es für seine Kampfkunst, das Shaolin Kung Fu, sowie für Tai-Chi und Qigong. Hier soll ein indischer Mönch vor rund 1.500 Jahren die Grundlagen des Zen-Buddhismus geschaffen haben. Die Mönche erklärten uns, dass sie Kampftechniken von den Tieren abgucken und

Ein Wächter vor dem Shaolin-Kloster in Luoyang.

lernen würden, wie z. B. Tiger sich anschleichen und dann mit einem Sprung angreifen würden, um diese Kampftechniken anderen weitergeben zu können. Kung Fu wurde erst Jahre später so richtig bekannt, als Bruce Lee mit Kung Fu die Kinowelt eroberte.

Nach dem Mittagessen in der Nähe des Shaolin-Klosters besuchten wir den „Tempel des weißen Pferdes", am östlichen Stadtrand von Luoyang gelegen, mit seiner 13-stöckigen Pagode. Der Name dieser Tempelanlage erinnert an die Legende, nach der Mönche aus Indien auf Schimmeln reitend die ersten buddhistischen Schriften ins Land brachten. Da wir am Nachmittag schon früh wieder im Hotel waren und es noch Zeit bis zum Abendessen war, beschlossen zwei Männer meiner Reisegruppe, schwimmen zu gehen. Das Schwimmbad, vom Hotelpark aus zu erreichen, gehörte nicht zu den Hoteleinrichtungen, zum Baden wurde von den Hotelgästen Eintritt verlangt. Von meinem Hotelzimmerfenster hatte ich eine gute Aussicht auf dieses Schwimmbad. Die

Die Longmen-Grotten.

Wasseroberfläche war nicht zu sehen, dafür die Köpfe der chinesischen Badegäste; das Becken war also gerammelt voll. Dies teilte ich den beiden Herren, bewaffnet mit Badezeug, im Hotel mit. Sie würden trotzdem hingehen. Von meinem Hotelzimmerfenster beobachtete ich die Situation, wie meine beiden Herren, die übergroßen und nicht gerade dünnen Langnasen, sich auf das Becken zubewegten. Und nun geschah das Wunder. Alle Leute im Becken bewegten sich zum Beckenrand, die Wasseroberfläche wurde sichtbar, alle saßen am Beckenrand und wollten jetzt sehen, was für Schwimmbewegungen die Langnasen machen würden, um nicht unterzugehen. Die beiden hatten das Becken für sich.

Der letzte Tag in Luoyang begann mit einem Rundgang durch die Altstadt, bevor wir zum Bahnhof gebracht wurden, um mit dem Zug weiter nach Xi'an zu fahren.

Luoyang–Xi'an

Die Fahrt von Luoyang bis Xi'an dauerte nur einen halben Tag, und so mussten wir nicht über Nacht fahren. Wir fuhren wieder „weich" mit einem „Soft Seater. Mit in unseren Wagen fuhr eine kleine japanische Reisegruppe, alles junge Damen. Herr Wan, unser ständiger Begleiter, war begeistert. Die immer noch nicht so guten Beziehungen zwischen China und Japan wurden jetzt außer Acht gelassen. Im Ersten und Zweiten Chinesisch-Japanischen Krieg wurde China eine noch immer empfundene Demütigung erteilt. Das Massaker von Nanking und andere japanische Kriegsverbrechen sind eine schwere Hypothek, bei denen von chinesischer Seite regelmäßig kritisiert wurde, dass sich Japan dafür nicht angemessen entschuldigt hat. Chinesen und Japaner können sich gut verständigen, aber nur schriftlich. So gingen zwischen den japanischen Damen und Herrn Wan mit Schriftzeichen beschriebene Zettel hin und her, es wurde nicht gesprochen, aber viel gelacht. Da war meine Verständigung mit den japanischen Damen viel komplizierter. Sie sprachen zwar englisch, aber mit einer für mich komischen Aussprache. Oft musste Herr Wan mit seinen Zetteln vermitteln.

Xi'an

Xi'an, übersetzt „Westlicher Friede“, eine der berühmtesten historischen Städte Chinas, war in der Han-Dynastie ein wichtiger Ort für die Kontakte Chinas mit der übrigen Welt. Die Seidenstraße, der berühmte Handelsweg des Altertums, endete hier. Im Laufe von 1.100 Jahren hatten 11 Dynastien an diesem Ort unter dem Namen Chang An (Immerwährender Frieden) ihre Hauptstadt. Um 800 war die Stadt während der Tang-Zeit mit über einer Million Einwohnern die größte Stadt der Welt. Als ich dort war, lebten in Xi'an, der Hauptstadt der Provinz Shaanxi, ungefähr 2,9 Millionen Menschen.

Wir kamen am Abend in Xi'an an und wurden nach dem Abendessen in der Stadt zu unserer Unterkunft, dem Shaanxi-Gästehaus, etwas außerhalb der Stadt gebracht. Die Fahrt dorthin in der Dunkelheit war für uns ungewöhnlich. Entgegenkommende LKW´s fuhren ohne Licht und blendeten erst auf, wenn sie in unsere Nähe kamen. Das gleiche machten unsere Fahrer auch. Das Shaanxi-Gästehaus war ein Gebäudekomplex innerhalb einer Kaserne. Ich bekam als Reiseleiter ein besonderes Zimmer zugewiesen, ein Apartment mit Badezimmer, Wohnzimmer und großem Schlafzimmer. Herr Wan flüsterte mir zu, in diesem Zimmer hätte schließlich auch schon Tschou En Lai, der wichtige Führer der Kommunistischen Partei Chinas und der Premierminister der VR China von 1949 bis zu seinem Tod, und langjähriger Mitstreiter Mao Zedongs, gewohnt. Nachdem ich meine Sachen ausgepackt hatte, machte ich den Schwarz-Weiß-Fernseher in meinem Schlafzimmer an und sah – „Der Kommissar“ mit Erik Ode (im Deutschen Fernsehprogramm von 1969 bis 1976 zu sehen) in deutscher Originalfassung mit chinesischen Untertiteln.

Der erste Tag nach meinem Fernsehabend mit Kommissar Erik Ode begann mit einem typischen chinesischen Frühstück im Essensraum des Gästehauses, der einfach, wie in Kasernen üblich, ausgestattet war. Es gab eine Hühner-Nudel-Suppe. Wer zum Frühstück dann doch lieber eine europäische Variante verlange, für den hatte die Küche Toastbrot mit Butter und Marmelade im Angebot. Mir jedoch war die Suppe ganz recht, der Magen fühlte sich nicht so gesättigt an, wie nach dem Verzehr von Weißbrot.

Unser erster Ausflug ging zu der Armee der 7.000 Terrakottakrieger nach Qinyong, 36 Kilometer nordöstlich von Xi'an gelegen. Chinas erster Kaiser Qin Shi Huang Ti wollte nach seinem Tode noch unbezwingbarer sein und ließ deshalb vor seinem Grabhügel eine Armee aus Ton in Waffen und Kampfstellung errichten, die wie seine damals unbesiegbaren Krieger aussehen sollten. In der Tat hat jede Figur einen anderen Gesichtsausdruck, und man kann zu der Überzeugung kommen, dass sie lebenden Figuren nachgebildet wurden. Erst 1974 wurde die Stelle von einem Bauern beim Ausschachten eines Brunnens ge-

Terrakottaarmee.

funden. Die Grabpyramide hielt man bis zu diesem Zeitpunkt für eine natürliche Erhebung. Über der Ausgrabungsstätte wurde eine einem Flugzeughangar ähnliche Halle gebaut, in die wir geführt wurden. Über Stege laufend sahen wir unter uns die Ausgrabungen mit bereits restaurierten Tonsoldaten. An vielen Stellen wurde an der Restauration der Figuren gearbeitet. In der Halle war fotografieren strengstens verboten, aus Angst, Blitzlichter könnten schädliche Auswirkungen auf die Ausgrabungsgegenstände haben. Aus der Nähe konnten wir im Museum vor der Halle Ausgrabungsstücke aus der Nähe betrachten und auch kleine Nachbildungen der Soldaten kaufen. Allerdings verkauften Bauern aus der Umgebung ihre selbst hergestellten Tonfiguren vor dem Museum zu einem wesentlich günstigeren Preis, jedoch nicht in der Qualität der Figuren aus dem Museumsgeschäft. Unsere örtliche Lüxingshe-Reiseleiterin wies darauf hin, dass mit dem Kauf der Artikel aus dem Museum auch die Arbeit der Ausgrabungen unterstützt würde.

Wir fuhren, nachdem wir im Museum und bei den Bauern eingekauft hatten, wieder zurück in die Stadt und besichtigten nach dem Mittagessen die Sehenswürdigkeiten innerhalb der 14 Kilometer langen rechteckig angelegten Stadtmauer. Hier stieß auch der Verlobte unserer Lüxingshe-Reiseleiterin mit dazu, der ebenfalls in der Fremdenverkehrsbranche tätig war. Beide meinten, bei dem Besichtigungsprogramm könnten sie ungestörter als sonst zusammen sein. Beide würden wegen der katastrophalen Wohnsituation noch bei ihren Eltern wohnen. Nach ihrer Hochzeit müssten sie erst einmal zu ihren Eltern ziehen, da sie eine größere Wohnung als die Eltern ihres Verlobten hätten. Ansonsten würden sie sich in einem Park treffen, aber dort würde es auch nur so von unverheirateten Pärchen wimmeln und sie dort ebenfalls nie allein wären.

Zuerst besuchten wir die „Große Moschee“ in der Altstadt. Diese aus dem 8. Jahrhundert stammende Gebetsstätte hatte mit islamischen Bauwerken keine Ähnlichkeit und wurde, auch nach mehreren Neuerrichtungen, im chinesischen Stil erbaut. Die in Xi'an lebende Minderheit von Moslems zählt zu den Nachfahren der Seidenstraßenhändler. Unweit der „Großen Moschee“ unser nächstes

Ziel, der Trommelturm aus dem Jahr 1370, von dem abends die Polizeistunde und morgens das Öffnen der Stadttore bekannt gegeben wurde. Auf dem Weg zum Glockenturm, mit drei Stockwerken auf einem Steinsockel aus der Ming-Zeit, eines der Wahrzeichen der Stadt, kamen wir an einer großen Kreuzung vorbei. Mitten auf dieser Kreuzung regelte eine Polizistin den Verkehr, welcher nur aus Fahrradfahrern bestand. Fuhr jemand entgegen ihren Anweisungen über die Kreuzung, rannte sie hinter den Fahrern her, hielt das Fahrrad am Gepäckträger fest und betätigte das Fahrradschloss, sodass ein Weiterfahren nicht mehr möglich war. Die Ärmsten mussten nun sofort eine Strafe für ihre Verkehrsübertretung zahlen.

Trommelturm.

Außerhalb der Stadtmauer gelangten wir zur siebenstöckigen, aus der Tang-Zeit stammenden „Große Wildgans-Pagode". Diese Ziegelpagode wurde zur Aufbewahrung kostbarer buddhistischer Schriften errichtet, die ein Pilgermönch eigens aus Indien mitgebracht hatte. Die „Kleine Wildgans-Pagode" ist zwar nicht so alt wie ihre Namensverwandte, aber um sechs Stockwerke höher. Anfänglich waren es 15 Stockwerke, als man sie zu Beginn des 8. Jahrhunderts baute; bei einem Erdbeben zur Ming-Zeit stürzten zwei Dachgeschosse ein. Nach den Besichtigungen besuchten wir noch eine Fabrik, in der Stoffe maschinell, aber aufwendig, bestickt wurden. Das Abendessen in der Werkskantine der Stickerei war wie in allen Kantinen wieder hervorragend. Zum Abend ging es zu einem folkloristischen Abend ins Theater, wir sahen eine Form der Peking-Oper, in der viele künstlerische Elemente vermischt werden, wie Singen, Tanzen, Akrobatik, darstellendes Spiel und Kampfkunst. Die Bühnenausstattung war wie in Peking-opern üblich, betont spärlich – ursprünglich besteht sie aus einem Tisch und zwei Stühlen. Dafür waren die Kostüme bunt und voluminös, die Darsteller bis zur Unkenntlichkeit geschminkt. Am anderen Morgen das gewohnte Frühstück im Gästehaus, Nudelsuppe und Toast, bevor wir zum Bahnhof gebracht wurden.

Xi'an – Beijing

Die Bahnfahrt nach Beijing dauerte einen ganzen Tag und die darauffolgende Nacht. Wir fuhren wieder in der „Soft-Sleeper" Klasse. Die Rückfahrt nach Beijing ging nicht über Louyang, sondern über Taiyuan und Shijazhuang. Dieses Mal gab es zum Mittag- und Abendessen im Speisewagen endlich wieder Qingdao-Bier. Am frühen Morgen Ankunft im Hauptbahnhof von Beijing.

Beijing

Nach dem Frühstück in der Stadt fuhren wir zur Großen Mauer. Auf der Fahrt dorthin sang Herr Wan deutsche Volkslieder mit uns, „Warum ist es am Rhein so schön“ und viele andere. Oft sang er allein, da er den Text viel besser kannte als die Mitglieder seiner deutschen Reisegruppe.

Ungefähr 80 Kilometer nordwestlich von Beijing lag in der Nähe der Festung Badaling der meistbesuchte und restaurierte Abschnitt der „Chinesischen Mauer“. Mit dem Bau der ca. 6.000 km langen Mauer wurde bereits in der Qin-Dynastie, vor über 2.000 Jahren begonnen. Während der Ming-Zeit baute man das gewaltige Bauwerk zu einer be-

Typische chinesische Dampflok.

geh- und befahrbaren Dammanlage zum Schutz gegen Eindringlinge aus dem Norden weiter aus. Der größte Teil der „Chinesischen Mauer" ist allerding zerfallen und nur aus Überresten erhalten. Raumfahrer sollen, wenn sie im All unterwegs sind und auf die Erde schauen, die „Chinesische Mauer" erkennen können.

Auf dem Rückweg führte unser Weg an den „Ming-Gräbern" vorbei. Als letzte Ruhestätte wählten die Kaiser der Ming-Dynastie das friedliche Tal im Norden von Beijing. Zu den Gräbern führt die „Heilige Straße", mit Tierskulpturen in Lebensgröße zu beiden Seiten des Weges. Das größte und älteste Grabmal heißt Changling (prächtig). Mit dem Bau der Gräber wurde im 7. Jahr der Herrschaft von Yon-

Ying zúo che – „hard seater" chinesischer Zug mit Wagen der „harten" Sitzklasse.

gle (1409) unter Kaiser Zhu Di begonnen. Nach der Besichtigung der Ming-Gräber belegten wir unsere Zimmer im Hotel Lido in Beijing.

Am Abend gingen wir zum feierlichen Essen in ein „Peking-Enten-Restaurant". Die Pekingente gehört zu den berühmtesten Gerichten der chinesischen Küche, Ihre Herstellung ist sehr aufwendig und wird deshalb meistens in spezialisierten Restaurants angeboten. Die für das Gericht namensgebenden Pekingenten erhalten während der letzten zwei Wochen vor der Schlachtung besonders gehaltvolles Futter. Typische Pekingenten haben ein weißes Gefieder. Schlachtreife Tiere wiegen zwei bis drei Kilogramm. Bei der Pekingente wird besonderer Wert auf die Haut gelegt. Deshalb werden die Tiere nach der Schlachtung einer

Die Chinesische Mauer.

besonderen Prozedur unterzogen, die sich mit handelsüblichen Enten nicht vollziehen lässt. Die Ente wird gerupft, aber nicht ausgenommen, Kopf und Füße werden zunächst nicht entfernt. Durch einen kleinen Schnitt am Hals wird nun die Haut aufgeblasen wie ein Luftballon, damit sie sich vollständig vom Fleisch trennt. Durch einen möglichst kleinen Schnitt unterhalb des Flügels werden anschließend die Innereien entfernt. Die Füße werden abgeschnitten. Nun wird die Ente am Hals aufgehängt, mit kochendem Wasser überbrüht, gewürzt und rundherum mit in heißem Wasser aufgelöstem Honig eingestrichen, um dann an einem gut belüfteten Ort für einige Stunden zu trocknen. Die so vorbereitete Ente wird hängend in einem speziellen Ofen über mehrere

Die heilige Straße mit Tierskulpturen an den Ming-Gräbern.

Stunden gegart, wobei sich die Haut wieder aufbläht, knusprig wird und die typische glänzend rote Farbe annimmt. Danach wurde die Ente uns Gästen vorgeführt und wieder zurück in die Küche gebracht. Anschließend bekamen wir das Fleisch der Ente in mundgerechte, dünne Scheiben geschnitten gereicht. Dazu wurde die Haut, in gleichmäßige Rauten geschnitten, wo vorher das Fett abgeschabt und in zusammengerollten sehr dünnen Pfannkuchen mit einer speziellen Sauce (üblicherweise Hoisin-Sauce) und Lauchzwiebeln, serviert. Andere Beilagen, so wurde uns gesagt, wären beim Pekingessen nicht üblich.

Am Abend druckste Herr Wan rum und fragte, ob er mich vor dem Schlafengehen einmal in meinem Zimmer besuchen dürfte. Ich hätte schließlich ein großes Zimmer mit zwei Einzelbetten und einem Fernseher. Er müsste sonst immer in einer Abstellkammer mit dem Hotelpersonal nächtigen. Und heute würde ein wichtiges Fußballspiel mit der deutschen Nationalmannschaft übertragen. Ich sagte zu, obwohl ich wusste, dass in diesem Jahr keine Europa- oder Weltmeisterschaft mit unserer Nationalmannschaft stattfinden würde. Nachdem der Fernseher eingeschaltet war, wurde ich eines Besseren belehrt. Die erste U-16-Fußball-Weltmeisterschaft fand gerade in der Volksrepublik China statt. Die Volksrepublik China wurde von der FIFA erstmals für die Austragung eines ihrer Turniere bestimmt. Insgesamt war es nach der U-20-Weltmeisterschaft 1979 in Japan erst das zweite FIFA-Turnier auf asiatischem Boden. Der chinesische Fußballverband kehrte erst 1980 in die FIFA zurück, nachdem man 1958 ausgetreten war. Das Jahr der erstmaligen Austragung wurde absichtlich gewählt, da 1985 das „Internationale Jahr der Jugend" war – Wan Kai. Herr Wan kannte alle Spieler der deutschen Nationalmannschaft – ich keinen einzigen. Die deutsche Mannschaft verlor dieses wichtige Spiel. Erster Titelträger wurde die U16-Nationalmannschaft von Nigeria durch einen 2:0-Sieg über die Mannschaft der Bundesrepublik Deutschland. Dritter wurden die Jugendlichen aus Brasilien. Also mussten wir unser Bier, im Bett liegend, auf den zweiten Platz der deutschen Mannschaft trinken.

Unser letzter Tag in Beijing, begann nach dem Frühstück im Hotel mit der Besichtigung der „Verbotenen Stadt", dem Kaiserpalast. Auf der Fahrt dorthin, wollten meine Reisenden es endlich wissen. warum heißt es Beijing und nicht Peking. Alle chinesischen Schriftzeichen, so erklärte Herr Wan, wurden jetzt in der „Pinyin-Umschrift" mit den 26 Buchstaben unseres Alphabetes übersetzt. Daraus ergeben sich am Beispiel der Städtenamen andere Bezeichnungen, als sie früher üblich waren. So waren wir in Luoyang und nicht wie früher in Loyang und in Xi'an, früher Sian genannt.

Wir wurden am Tor des Himmlischen Frieden, im Norden des Tian'anmen-Platzes, welches in die Verbotene Stadt führt, abgesetzt. Über dem mittleren Durchgang, der in früheren Zeiten dem Kaiser vorbehalten war, hing ein Riesenporträt des verstorbenen Mao Zedong, das einzige große Mao-Bild, das in Beijing noch zu finden war. Auf der riesigen Steinmauer des Tores erhob sich eine Tribüne zur Besichtigung von Paraden. Durch das Tian'anmen-Tor (Tor des Himmlischen Friedens) wird das Südtor der Verbotenen Stadt erreicht, die größte Palastanlage der Welt mit einer Größe von ca. 72 ha. Die „Verbotene Stadt", so genannt, weil fast 500 Jahre gewöhnlich Sterbende keinen Zutritt hatten, wurde so angelegt, dass die Zahl der Räume die Glückszahl 9999 ergab; die neun war das Himmels- oder Kaisersymbol.

Wir durchquerten vom Süd- oder Mittagstor zunächst eine Reihe von Monumentaltoren, bis wir die ersten großen Empfangshallen erreichten. Auf dem Weg dorthin sprach mich ein junges chinesisches Pärchen auf Deutsch an. Sie wollten natürlich wissen, wo ich herkäme. Dann fragte er, ob er einmal meinen Bart anfasse dürfte, er hätte schließlich nur einen schwachen Bartwuchs. Als alles geklärt war, sah ich, dass er ein Kreuz an einer Halskette trug. Nun fing ich an zu fragen. Beide waren Katholiken, was in der Volksrepublik kein Problem darstellen würde. Nur das Oberhaupt der katholischen Kirche, der Papst, dürfte nicht nach China einreisen. Der Papst hätte nun mal zwei wichtige Ämter inne, zu einem wäre er der religiöse Führer der Katholiken und zum anderen als Staatsmann das Oberhaupt des Vatikanstaates. Für einen Besuch wäre das zu viel. Er müsse sich entscheiden.

Hinter den Empfangshallen kamen wir im nördlichen Teil des Palastes in die Privatgemächer der Kaiserfamilie in einem Labyrinth von kleineren Bauwerken. An den Enden der Walmdächer der Palastbauten befinden sich immer Fabelwesen, die mehr als eine Verzierung sind. Sie sollen nach chinesischem Aberglauben das Bauwerk vor bösen Geistern und Feuer bewahren. Sämtliche Figuren sind mythologischen Ursprungs, bis auf eine. Bei dem Reiter auf der Henne ganz vorn am Dachrand handelt es sich um Prinz Min von Qi (479–502). Der Mann soll ein Feigling gewesen sein und sein Volk im Krieg schmählich im Stich gelassen haben. Seine Untertanen knüpften ihn später zur Strafe an der Dachkante seines Palastes auf. Auf dem Gratende der Dächer ist er so auch heute noch der Lächerlichkeit preisgegeben, dicht am Abgrund und reitend auf dem Federvieh.

Die Verbotene Stadt.

Ich hörte auch eine andere Version: Da die Anzahl der Dachreiter, je weiter wir in die Verbotene Stadt kamen, immer mehr abnahm, sollten die Fabelwesen als Abschreckung für die Besucher des Kaiserpalastes dienen. Je näher man den Privatgemächern des Kaisers kam, umso geringer sollte diese Abschreckung mit den Fabelwesen sein. Und wie immer gab es einen Ausweg, denn wenn die Abschreckung oder Gefahr für einen zu groß wurde, hatte man die Möglichkeit, auf einer Henne sitzend, zu fliehen. Durch das Nord-Tor hinter den Privatgemächern verließen wir, nicht auf Hennen sitzend, den Kaiserpalast und fuhren zum Einkaufen in Beijings Einkaufsstraße Wanfujing.

Da Herr Wan nicht mit durch den Kaiserpalast ging, sondern mit

Dachreiter auf den Walmdächern der Palastbauten in der Verbotenen Stadt.

dem Bus um die Verbotene Stadt fuhr, hatte er Zeit, von uns bestellte chinesische Fahrradklingeln als Souvenir zu besorgen. Die chinesischen Fahrradklingen sind weltweit die lautesten. Meine Klingel habe ich nach 35 Jahren immer noch und bei Betätigung dieser Klingel ist ein freier Platz auf dem Radweg vor mir sicher. Da ich während der Reise kaum allein war, außer abends im Hotelzimmer, wollte ich am letzten Tag in Beijing wenigstens allein einkaufen gehen. So schickte ich Herrn

Die kaiserlichen Gemächer in der Verbotenen Stadt.

Wan mit meiner Reisegruppe los und ging heimlich in ein chinesisches Kaufhaus. Meiner Frau wollte ich einen schönen Seidenstoff kaufen. Seidenstoff ist leicht zu transportieren und geht im Koffer auch nicht kaputt. Beim Eintreten in dieses Kaufhaus war ich bereits die Attraktion. Eine Meute von Chinesen begleitete mich zu dem langen Tresen, hinter dem die Stoffballen lagen. Nachdem ich auf einen Stoffballen mit doppelt gewebter Seite zeigte, holte mir der nette Verkäufer den

Meine Reisegruppe hinter der Verbotenen Stadt.

Ballen aus dem Regal und legte ihn auf den Tresen. Der Stoff, mit kleinen flatternden Vögeln zwischen Blättern fliegend, in silbern und auberginefarben gefiel mir sehr gut. Ich fühlte den Stoff und meine chinesischen Beobachter taten das Gleiche. Nun zeigte ich, welche Länge mir von dem Ballen abgeschnitten werden sollte. Nachdem der nette Verkäufer die richtige Länge abschnitt, bekam ich einen Zettel mit dem Hinweis, ich solle jetzt zur Kasse gehen und bezahlen. Meine chinesischen Beobachter folgten mir zur Kasse, denn sie wollten wissen, mit welchem Geld ich die Ware bezahlen würde. An der Kasse bezahlte ich mit meinem Ausländergeld FEC und bekam als Wechselgeld Renminbi RMB zurück. Mit dem an der Kasse schwungvoll abgestempelten Beleg eilte ich zurück zu dem netten Verkäufer mit meinem jetzt bezahlten Seidenstoff, gefolgt von meinen chinesischen Beobachtern. Mein Seidenstoff wurde erst in Seidenpapier und dann in festes braunes Packpapier verpackt und mir dann von dem netten Verkäufer übergeben. Danach klatschten meine chinesischen Beobachter alle in die Hände; ich hatte einen guten Kauf getätigt.

Herr Wan brachte uns zum Bahnhof. Bevor wir unsere Visitenkarten austauschten, hatte ich eine letzte Bitte an ihn. Ich brauchte für meine Reisegruppe für den nächsten Morgen Lunchpakete zum Frühstück, da zur Frühstückszeit der chinesische Speisewagen abgehängt worden wäre und der sowjetische Speisewagen noch nicht da sein würde. Alles wurde vor Abfahrt geregelt. Ich könne nach dem Abendessen am nächsten Tag im Speisewagen die Frühstückspakete mitnehmen.

Beijing–Moskau

Pünktlich um 19:40 Uhr verließen wir mit Zug Nr. 19 den Hauptbahnhof von Beijing Richtung Moskau. Was während der Hinfahrt nach Beijing möglich war – für einige Gäste eine Umbuchung in die 1. Klasse – war für die Rückfahrt nicht zu erreichen. Am anderen Morgen das erste Frühstück im Speisewagen nach Shenjan und Mittagessen vor Harbin. Nach dem Abendessen bezahlte ich alle Bestellungen und nahm meine Essensportionen für das Frühstück am nächsten Morgen in großen Kartons aus dem Speisewagen mit in mein Abteil. Der Speisewagen würde am anderen Morgen gegen 5:30 Uhr in Manzhouli vor den Passkontrollen abgekoppelt werden. Der sowjetische Speisewagen würde in Zabaikalsk um 5:30 Uhr Moskauer Zeit angekoppelt werden, allerdings wäre es dann nach Ortszeit 9:30 Uhr und so spät gab es kein Frühstück dort.

Als ich die Frühstückkartons aus dem chinesischen Speisewagen öffnete, fand ich keine Lunchpakete vor, sondern geschnittenes verpacktes Brot, Frühstücksfleisch/Schinken/Sojafleisch/Marmelade in Dosen, mehr als ausreichende Mengen, und für jeden zwei gekochte Eier und

Im Speisewagen.

jede Menge portionierte Butter. Also ging ich von Abteil zu Abteil, verteilte das Brot und die Dosen, fragte, wer im Besitz von Taschenmesser und einem Dosenöffner wäre und ging Tee beim Schlafwagenschaffner holen. Meine Reisenden waren nicht begeistert, mit einem Handtuch auf dem Schoß Fleisch aus Dosen zum Frühstück zu essen. Beim Mittagessen im sowjetischen Speisewagen schlug die Stimmung aber um. Alle anderen Gäste im Speisewagen sprachen davon, dass sie am Morgen richtig Hunger bekommen hätten und kein Speisewagen da gewesen wäre und auch sonst keine Möglichkeit, etwas zu Essen zu bekommen. Auf einmal konnte meine Reisegruppe stolz berichten, dass sie dank mir, ihrem Reiseleiter, nicht hatte Hunger leiden müssen.

Abstellbahnhof.

Nach drei Tagen im Zug stieg in Irkutsk unser Intourist-Dolmetscher Serge zu. Wir waren nicht nur unter sowjetischer Aufsicht, sondern Serge war mit seinen Intourist-Gutscheinen ab jetzt für die Essensbestellung im Speisewagen zuständig. Bis Moskauwaren es noch drei Tage Zugfahrt. Die Fahrgäste machten es sich in jeder Hinsicht bequem. Man trug Freizeitkleidung wie Jogginganzüge, zog sich allerdings für den Speisewagen feiner an. Und es wurden Reiseerfahrungen mit anderen Reisenden ausgetauscht. Ein junges Ehepaar war auf dem Rückweg von Nepal nach Hause in den Niederlanden. Sie wollten diese Zugreise wenigstens einmal in ihrem Leben erleben. Auch ein paar mutige Einzelreisende, aus China zurückkommend, erzählten von ihren Schwierig-

Reinigung des Abteilfensters am Gegenzug nach Beijing.

keiten, ein Ticket für diesen Zug zu bekommen. Als Europäer hätten sie aufgrund ihrer Größe einen Vorteil am Fahrkartenschalter gehabt, dieser wäre aber schnell zunichte gewesen, da Chinesen Weltmeister im Vordrängen wären. In den einfachen Hotels hätten sie keine Ruhe gehabt, die vielen Mitbewohner im Zimmer hätten es nicht erlaubt, die Tür zum Flur zu schließen, sie wären nie für sich allein gewesen. Ein Mann aus den USA befand sich auf einer Weltumrundung. Den Pazifik hätte er überflogen, der Atlantik würde folgen, aber sonst würde er nur auf dem Landweg reisen. Er erzählte, dass ihm die sowjetischen Grenzbeamten in Zabaikalsk sein Buch „The Red Train“ beschlagnahmt hätten. Eigentlich eine Propagandaschrift der UdSSR. Vielleicht kannten

Auf der Rückfahrt.

sie dieses sowjetfreundliche Buch noch nicht und wollten es endlich einmal studieren.

Wer Lust auf eingelegte Gurken, gekochte Kartoffeln, Obst und Gemüse hatte, konnte sich bei den mehr als 20-minütigen Aufenthalten in den Bahnhöfen damit bei den Bäuerinnen auf den Bahnsteigen eindecken. Preiswert waren diese Artikel gerade nicht, aber wir leisteten uns gerne den „Luxus“ einer bestens eingelegten Gurke. Es war also nicht langweilig während der langen Fahrt. Am Nachmittag des sechsten Tages erreichten wir die Endstation des Beijing-Moskau-Express, den Jaroslawler Bahnhof in Moskau.

Am Baikalsee.

Moskau (Moskwa)

Wir wurden im Hotel Belgrad untergebracht. Das Hotel Belgrad bestand aus zwei Hochhäusern am Ende der Arbatstraße, gegenüber dem Außenministerium, also sehr zentral gelegen. Trotz Bestellung wurden Einzelzimmer nicht vergeben. Ich hatte jedoch Glück, als letzter von uns – Reiseleiter dürfen sich nie vordrängen – bekam ich ein Einzelzimmer.

Das Kaufhaus GUM in Moskau.

Da der nächste Tag mit Besichtigungen bis zur Abfahrt nach Hause in die BRD vollgestopft sein würde, ging ich mit Interessenten meiner Reisegruppe in das Warenhaus GUM, direkt am Roten Platz gelegen. Mit einer Fläche von rund 75.000 m² und einer über 100-jährigen Geschichte war es eines der bekanntesten Warenhäuser und nach alter Konzeption das größte Warenhaus Europas. Der 250 Meter lange und 88 Meter breite Innenraum des Gebäudes beherbergte auf drei Etagen

Kirche in Kolomeskoje.

rund 200 separate, unterschiedlich große Ladenlokale entlang dreier aus Glas überdachter Längspassagen und dreier Querpassagen, sowie der über ihnen beidseitig gelegenen, durch Brücken miteinander verbundenen Galerien in den beiden Obergeschossen. Von der Funktionsweise her war das GUM daher kein typisches Warenhaus mehr, sondern vielmehr ein Einkaufszentrum, wie sie erst später bei uns immer zunehmend gebaut wurden. Diese separaten offenen Ladenlokale hatten keine Kassen, sondern Abakusse – einfache Rechenhilfsmittel mit meist schwarzen Holzkugeln, mit denen bei uns die Kinder im Kindergarten erste Rechenschritte beigebracht bekamen. Blitzschnell rechnete das Verkaufspersonal die Endsumme der Einkäufe zusammen, eigentlich so schnell wie bei uns die Registrierkassen.

Der letzte Tag in Moskau begann mit dem Besuch des Zentralen Lenin-Museums. In 34 Sälen wurden Lenins Arbeiten, historische Dokumente der Partei, persönliche Gegenstände des Arbeiterführers, Fotos

Bilder aus dem Werbeprospekt der SZD.

und Bücher gezeigt. Wir sahen einen seiner Rolls-Roys sowie die Nachbildung seines Arbeitszimmers. Nach dem Mittagessen in einem Lokal in der Arbatstraße besuchten wir das Puschkin-Museum für bildende Kunst. Hinter der klassizistischen Fassade des Museums sahen wir Kopien von Kunstwerken Babylons, des alten Ägyptens, Griechenlands und Roms. Es gab aber auch Meisterwerke westeuropäischer Maler aus dem 13. bis 20. Jahrhundert zu bewundern, besonders die französischen Impressionisten und deren Schule, welche nach dem Louvre die bedeutendste der Welt ist. Nach dem Abendessen, 2 Stunden vor Abfahrt, erhielt ich im Service-Büro des Hotels, für mich überraschend, eine geänderte Bettkarte für die Weiterfahrt zurück. Es wurden nur Tourist-Abteile der 2. Klasse vergeben. Bemühungen meinerseits zwecks Einhaltung der gebuchten Plätze im Schlafwagen wurden ignoriert.

Moskau–Aachen

Wir fuhren also 2. Klasse im Schlafwagen weiter, was auf der Transsib kein Problem war, aber auf den europäischen Strecken. Denn 2. Klasse hieß, dass nur Tourist-Abteile, also 3-Bett-Abteile, die nach Geschlechtern getrennt belegt werden durften, laut Bett-Karte vorhanden waren. Ehepaare wurden getrennt, der Sohn durfte nicht mit im Abteil seiner Mutter nächtigen. Ein Zustand wie in einer strengen Jugendherberge. Pünktlich um 20:17 Uhr verließen wir den Belorussischen Bahnhof. Frühstück gab es noch am anderen Morgen im sowjetischen Speisewagen, für den Rest der Strecke hatte ich Lunchpakete im Hotel Belgrad besorgt, da nicht klar war, ob die Mitropa wie auf der Hinfahrt für die Reise durch die VR-Polen wieder einen Speisewagen einsetzen würde. Trotz der Unterbringung in getrennten Abteilen war die Stimmung auf dem letzten Teilstück unserer Reise hervorragend. Die beiden Ehepaare, die „Viererbande“, die sich in Beijing zerstritten hatten, sprachen wieder miteinander. Das Ehepaar aus Österreich lud mich zu sich nach Innsbruck ein, wenn ich mit einem Sonderzug einmal da sein würde. Die zweite Nacht war für die meisten Reisenden, die ab Hannover weiter Richtung Süd- oder Norddeutschland mit anderen Zügen nach Hause fahren würden, früh zu Ende. Für mich auch, denn alle mussten verabschiedet werden. Ich stieg um 6:15 Uhr in Essen aus, wo mich auf dem Bahnsteig meine Frau umarmen konnte. 34 Tage und 25.000 Kilometer weit war ich fort gewesen.

Als ich 20 Jahre nach meiner China-Reise in Rom war und unzählige Reisegruppen aus China mir den Blick auf den Trevi-Brunnen versperrten, dachte ich, ob jetzt vielleicht auch mein damaliger ständiger Begleiter Herr Wan auf einem 5-Tages-Trip durch Deutschland unterwegs ist und feststellt, dass nicht alle in Deutschland so gut deutsch sprechen wie er.

PKP-Liegewagen im Berliner Ostbahnhof.

Kapitel 22

Die letzte Fahrt

ALPEN-SEE-EXPRESS
Ihr Reisebüro-Sonderzug

In wenigen Minuten erreichen wir die Endstation unseres Sonderzuges. Herzlichen Dank, dass Sie Ihren Urlaub mit der Ab- und Anreise in unseren Sonderzügen gebucht haben. Wir wünschen Ihnen allen einen guten Nachhauseweg und falls Sie mit Anschlusszügen weiterreisen, eine gute Weiterfahrt. Wir hoffen, Sie hatten eine gute Rückreise mit uns aus Ihrem Urlaub und würden uns freuen, Sie wieder einmal in einem unserer Sonderzüge „Alpen-See-Express" oder „TUI-Ferienexpress" begrüßen zu dürfen.

Das geht leider nicht mehr, der Sonderzugverkehr mit den Zügen „Alpen-See-Express" und „TUI-Ferienexpress" wurde 1993 eingestellt

CIWL Compagnie Internationale des Wagons-Lits (Internationale Schlafwagengesellschaft)

DB Deutsche Bundesbahn

DER Deutsches Reisebüro

DSG Deutsche Schlafwagen- und Speisewagengesellschaft

FS Ferrovie dello Stato Italiane (Italienische Staatseisenbahnen)

ISTG Internationale Schlafwagen- und Touristikgesellschaft

JŽ Jugoslovenske Železnice (Staatsbahnen Jugoslawiens)

PKP Polskie Koleje Państwowe (Polnische Staatsbahnen)

SBG Sonderzug-Betriebsgesellschaft

SNCF Société nationale des chemins de fer français (Nationale Gesellschaft der französischen Eisenbahnen)

SŽD Sowetskije schelesnyje dorogi (Staatsbahn der Sowjetunion)

TUI Touristik Union International

WARS Polnische Schlafwagen- und Speisewagengesellschaft